André Nama'Him Meyr

Meister Laotse's Live Ticker

Die 3. Zeit hat begonnen

ch. falk verlag

Originalausgabe

Umschlaggestaltung: Dirk Gräßle, München
Satz: P S Design, Lindenfels
Druck: Druckerei Sonnenschein, Hersbruck

Printed in Germany
ISBN 978-3-89568-279-7

Inhalt

Vorwort von André Nama'Him

Liebe Leserin und lieber Leser,

wie sehr ich mich freue, dass die Botschaften des „Alten Meisters" Laotse ihren Weg zu dir gefunden haben, möchte ich dadurch zum Ausdruck bringen, dass ich ein wenig „aus dem Nähkästchen plaudere".

Als ich mich 2002 aus ganzem Herzen dafür entschieden hatte, den Impulsen und dem Weg meiner Seele zu folgen, war Laotse nach Jesus Christus das erste Lichtwesen, das durch das Medium Sabine Sangitar zu mir sprach. Seine Geschichten und Schulungen waren immer von einer Art Humor geprägt, den ich liebte. Während ich oft laut lachen musste, war es für mich so deutlich zu spüren, wie Laotse das ebenso tat, wie seine Energie zu vibrieren und zu hüpfen begann, wie ich es von keinem anderen Lichtwesen kannte und kenne. Er sprach auch anders, so als säße er direkt neben mir, so unmittelbar und auch menschlich. Im Laufe der Zeit hat er mir auch erklärt, warum das so ist.

Jedes lichte Wesen hat eine Art Persönlichkeit, da jedes Lichtwesen, so wie auch jeder Mensch, in seiner energetischen Struktur einzigartig ist. Doch unterscheidet sich die Persönlichkeit eines reinen Lichtwesens von der eines Menschen. Jeder Mensch besitzt diese, nennen wir sie mal „Überpersönlichkeit" seiner Seele, auch, doch die meisten haben noch keinen vollen Zugang zu ihr, bis sie völlig erwacht sind – was nebenbei gesagt zur heutigen Zeit durchaus erreicht werden kann. Dazu hat ein Mensch noch seine menschliche Persönlichkeit, die durch allerlei Einflüsse von außen, beginnend mit der Zeugung bis heute, geprägt wurde. Als sogen. Aufgestiegener

Meister hat Laotse so wie jeder andere Mensch auch nicht nur einmal, sondern in jedem seiner vielen Leben eine solch menschliche Persönlichkeit besessen. Diese Persönlichkeit ist wie eine Art Verkleidung – Hohe Lichtwesen auf diesem Planeten, die sich so geschickt verkleidet haben, dass sie ihre wahre Natur mit der Zeit vergessen haben und mit tiefer Überzeugung auf die Frage, wer sie seien, z.B. antworten: Ich bin die Katharina oder: Ich bin der Alfred... Doch sie benennen dabei nur ihre menschliche Persönlichkeit.

Auch Aufgestiegene Meister trugen diese Verkleidung einmal, doch irgendwann, oftmals nach langem Suchen und Meditieren, hatten sie die tiefgreifende Erkenntnis: Ich bin mehr als nur Mensch.

Diese Erkenntnis muss ganz tief in der Seele erblühen und gefühlt werden und es reicht nicht aus, es zu wissen, weil man es schon so oft gehört hat. Man muss ebenso unumstößlich davon überzeugt sein wie zuvor von der Annahme, man wäre nur Mensch. Das ist die Herzenserkenntnis des Göttlichen Menschen: Ich bin göttlich – war es immer und werde es immer sein. Das war zu früheren Zeiten das Höchstmögliche, der Erleuchtungszustand. In der heutigen Zeit hat sich so vieles verändert und es ist sogar ein *Erwachen* möglich. Das ist ein energetisch wesentlich höherer Zustand, der es erlaubt, das Hohe Selbst bis auf Zellebene zu verankern und den physischen Körper miteinzubeziehen. Während es Laotse in seiner letzten Inkarnation nur möglich war, schließlich seinen Körper zurückzulassen, haben wir heute die einzigartige Gelegenheit, im erwachten Zustand im Körper zu bleiben, den Körper zu verjüngen, zu regenerieren und sogar das physische Sterben zu überwinden. Denn Angst, Sorge, Schmerz, Leid und Tod sind Illusionen, die im vollständig erwachten Zustand aufhören.

So ist also Laotse ins Universum zu seiner ursprünglichen, ätherischen Form zurückgekehrt und hat dort beschlossen, viele Erinnerungen an das Menschsein, die eine Seele beim Übergang normalerweise abstreift, zu behalten. Und das, um uns auf Erden noch verkleideten Lichtgeschwistern beim Erwachen mit Rat und Tat und so menschlich wie möglich beiseite zu stehen.

Vielleicht mag manch einer glauben, Laotse wäre einfach einer von vielen Aufgestiegenen Meistern. Vielleicht wendet sich manches Medium lieber den vermeintlich höheren Engelwesen zu, die in den meisten Fällen noch nie inkarniert waren. Doch ich kann dir sagen, dass die Entscheidung Laotses, diesen schwierigen Prozess der Integration der menschlichen Erinnerungen auf sich zu nehmen, so von tiefer Absicht und Liebe für die Menschen geprägt war, dass er mittlerweile eines der höchsten Lichtwesen des Universums ist. Dennoch ist er recht leicht zu channeln. Er ist höchstes Licht und versteht dennoch unsere oft sehr menschlichen und begrenzten Belange noch so gut, wie es gerade eben möglich ist, ohne der Illusion der Dualität Wahrheit zu verleihen. Das ist eine Besonderheit, die sonst nur noch Jesus Christus trägt. Und er war es auch, der mir das gesagt hat, Laotse selbst würde das nie tun. Das liegt nicht in seiner Persönlichkeit.

Laotses Energie ist beredt und freudvoll. Weise und unendlich liebevoll, leicht und etwas spitzbübisch. Er ist für mich vielmehr ein weiser Jüngling als ein weiser, betagter Meister, so wie ihn sich viele, aufgrund seiner letzten Inkarnation vorstellen. Er ist das einzige Lichtwesen, das ich je gechannelt habe, das auch die hohe Kunst der Ironie (meist) beherrscht. Auch wenn das in den folgenden Botschaften nicht so sehr zum Ausdruck kommt, ist das sicherlich von ihm so gewollt. Denn es könnte auch von Menschen missverstanden werden. Und manchmal tappt er mit seinem Humor auch etwas daneben, er hat halt dennoch kein menschliches Bewusstsein mehr. Doch versucht er ständig, in der neuzeitlichen Sprache dazuzulernen und nimmt freudig neue Begriffe auf (die er oft noch gar nicht richtig einordnen kann) und verwendet sie zu unpassenden Gelegenheiten. Das ist so lustig. An manchen Stellen kannst du das vielleicht herausfühlen.

Zu den bereits oben erwähnten Attributen kennzeichnet seine Energie Ruhe, Gelassenheit und die Erkenntnis des Herzens.

Er war mir von Anfang an ein lieber Freund und wird es immer bleiben. Er hat mir so vieles auf unglaublich geduldige und einfache

Weise erklärt und ich werde das nie vergessen. Er hat mich so oft zum Lachen gebracht und mich beraten, ich werde ihm ewig dankbar sein.

Deshalb auch ist meine Freude so groß, dass er nun die Möglichkeit erhält, Botschaften der Neuen Energie und seine liebevollen Eigenschaften vielen Menschen, auch dir, zu überbringen. Es ist mir eine Ehre, das als Medium für dich, für das große Ganze tun zu dürfen. Und nicht zuletzt für Laotse, der sich auf diese spezielle Aufgabe so intensiv vorbereitet hat und, ganz menschlich gesagt, sich manchmal beklagt hat, dass ihn so wenige Medien, die channeln, anrufen. Vielleicht ändert sich das ja jetzt – ich würde es mir wünschen.

Mein diesseitiger Dank auch an die immer wahrhaftige Frau Falk, die Laotse ebenso liebt wie ich.

Die Botschaften sind in der im Buch vorgestellten Reihenfolge entstanden, im Zuge des kostenfreien Online Portals „Laotses Live-Ticker", zu finden auf www.celeson.com.

Man konnte und kann dort Fragen an Laotse stellen und er hat sie so, wie er es für richtig und gut befand, beantwortet.

Vorwort von Laotse

Nun ist es also ein Buch geworden, aus den vielen Botschaften, die ich gesendet habe, ich, der alte Meister Laotse, eine Schrift der Neuen Zeit. Und ich freue mich so sehr darüber. Nicht, dass ich das nicht für möglich gehalten hätte – und doch liegt es immer in eurer Entscheidung, was ihr aus diesen Botschaften macht, was letztendlich, in diesem Fall, zu einem Buch geführt hat, das du jetzt in Händen halten kannst. Vielleicht glaubst du, wenn ein lichtes Wesen von jenseits des Schleiers zu dir spricht, dass dieses Wesen – oder die hohen Engel – die Zukunft kennt und somit ich, Laotse, hätte wissen müssen, dass ein Buch aus meinen Botschaften wird. Wie gesagt, ich sah im großen Fluss der Zeitenenergien, dass es möglich wäre. Doch frage ich dich, was glaubst du, um wie viel ärmer dein, aber auch unser Leben wäre, würden wir wirklich alles im Voraus wissen? Es würde jede Erfahrung überflüssig machen – und vor allem, wie sollten wir uns dann noch freuen können? So freu dich darüber, dass Laotse dir sagt: Du bist der Meister deiner Zukunft, deines Lebens und du wirst dich noch viele Male freuen können über das, was du dir erschaffst.

So bedanke ich mich und beginne jetzt gleich damit, dich so anzureden, wie ich es noch viele Male tun werde:

Meine liebe Freundin, mein lieber Freund der Liebe und des Lichtes. Ich bin Laotse. Ein tanzendes Licht, ein alter Meister, so werde ich genannt, und doch trägt meine Energie so viel von einem Kind. Ich, Laotse, ich bin jetzt, wo du diese Zeilen zu lesen beginnst, ganz nah bei dir. So finde ich es schon sehr amüsant, dass ich noch einmal von meinem Medium gerufen wurde, um ein Vorwort zu schreiben. Ein Vorwort am Ende der Botschaften. Und so kannst du einmal sehen, dass die zeitliche Abfolge, dass die lineare Zeit eine Illusion ist. Denn ich rede jetzt über Dinge, die bereits geschehen sind, ich stelle das Ende vorne an. Aus einem übergeordneten Blickwinkel ist das eine wunderbare Metapher über diese neue Zeit, über die ich euch berichten werde. Es zeigt, dass der Anfang und das Ende eins sind, dass sich in dieser Zeit alles miteinander verbindet, dass die lineare Zeit in euren Gedanken immer mehr zurücktreten wird und die Jetzt-Gegenwart, die alles beinhaltet, sich immer mehr ausdehnt.

Ich wurde von meinem Medium gefragt, wie es sein kann, dass ich jetzt, da ich als Hohes Licht durch ein Medium spreche, so gerne so viele Worte verwende, wo ich doch, als ich zu Lebzeiten als Mensch auf Erden war, dafür bekannt war, mit wenigen Worten die Essenz zu berühren. Darauf möchte ich jetzt im Vorwort und somit auch zum Abschluss, mit dem Schluss, mit dem du jetzt beginnst, in die Botschaften einzusteigen, antworten.

Weil es mir Freude macht. Zur damaligen Zeit auf Erden, als dieser Planet noch Erde genannt wurde, war alles etwas anders. Die Liebesenergie war noch nicht so ausgedehnt und die Weisheit war das Wichtigste und die stärkste Energie eines erleuchteten Menschen. Doch heute, zu deiner Zeit jetzt, ist die Liebe und das Fühlen das Wichtigste. Und so habe ich nun endlich die Möglichkeit, mit der Sprache, mit Worten, Schwingung, Ton und Klang zu nutzen, um die Liebe in den Fluss der Energie zu bringen. Und es ist immer die fließende Liebe, die alles verbindet und alle Herzen eins sein lässt. So ist die Herzensweisheit das, was ich dir übermitteln möchte. Es ist die Weisheit eines Kindes. Wenn es ihm nicht aberzogen wurde, ist ein Kind weise. Kann Dinge stehen lassen. Muss nicht alles hinterfragen. Ein Kind würde niemals auf die Idee kommen, z.B. mich, Laotse – wie ihr sagt, an die Wand zu nageln – festzunageln auf eine bestimmte Aussage. Denn ein Kind und die Weisheit deines inneren Kindes weiß und spürt, dass jede Wahrheit ein Teil der einen großen, universellen Wahrheit ist und dass es nicht darum geht, eine einzige Wahrheit zu verkünden, sondern darum zu erkennen, dass jede Sichtweise und jede Wahrheit einen Platz hat in der großen Wahrheit. So gebe du, wenn du diese Botschaften nun aufnimmst, deinem Herzensverstand eine Chance. Lese diese Botschaften mit deinem inneren Kind. Die Botschaften sind sehr einfach gehalten. Sie sollen dich berühren. Sie sollen dich spüren lassen, wie sehr ich dich liebe, wie nahe ich bei dir bin und dass du mich jederzeit als Freund anrufen kannst, denn ich bin da für dich, zu jeder Zeit.

Es ist mir noch ein Anliegen, auf etwas zu sprechen zu kommen, was die Medien der Neuen Zeit betrifft. Ich, Laotse, ich brenne darauf in meiner Seele, durch viele, viele Medien diese Botschaften der Weisheit und der Liebe geben zu dürfen – und ich werde so selten angerufen. Und ich weiß, dass das daran liegt, dass viele Medien gar nicht wissen, dass ich so gerne Botschaften sende. Und ich sende diese Botschaften nicht nur gerne, sondern es ist meine, von mir gewählte Aufgabe. Wenn du deine Kanäle offen hast und dein Herz, dann rufe mich. Vielleicht habe ich dir schon oft Impulse gesandt und du hast es nicht für möglich gehalten, dass ich, Laotse, es bin, und deinen Fokus nicht länger darauf gehalten? Nun, vielleicht wird sich das ja ändern. Ich bin bereit.

Warum habe ich gesagt, es macht keinen Sinn, z.B. ein geistiges Wesen so wie mich auf gewisse Aussagen hin festnageln zu wollen? Auch wenn der menschliche Geist immer nach festdefinierten und unumstößlichen Wahrheiten und Antworten sucht, sage ich dir doch, dass die Antworten der Zeit, als ich auf Erden war, andere waren, weil auch die Fragen der Zeit andere waren. Weil die Energien auf dem Planeten andere waren, weil es eine andere Epoche der Zeit war. Und obwohl das Medium mich aufgefordert hat, mich für dieses Vorwort kurz zu fassen, möchte ich dir noch ein Bild geben. Ihr alle kennt das Spiel Fußball und auch ich liebe dieses Spiel. Ich kann aus der Energieebene, in der ich mich bewege, dabei zuschauen. So sage ich es in diesen Worten:

Jedes Spiel ist ein anderes. Die Mitspieler können verschieden sein. Die Gegenspieler sind andere oder spielen anders. Das Wetter kann ein anderes sein, ja sogar die Gesetzmäßigkeiten, die Regeln, können von einem Schiedsrichter etwas anders ausgelegt werden. So gilt es vor jedem Spiel, sich neu auszurichten, um sich auch auf das Neue einlassen zu können. Die richtigen Antworten auf Fragen, die sich stellen, parat zu haben. Vielleicht sind es Antworten, die gestern noch ganz anders waren, auf dieselben Fragen. Alles ist im Fluss, alles ist ständig in Veränderung. Die alten Weisheiten, die ihr in so vielen Büchern lesen könnt, sie haben über viele Tausende von Jahren gegolten. Es waren Zeiten, in denen sich energetisch auf dem Planeten nicht viel verändert hat. Doch jetzt ist es ganz anders, alles verändert sich gerade. Du spürst es selbst, du siehst es jeden Tag. Und so sehr ich mich freue, dass dieses Buch entstanden ist, und ich Bücher immer so sehr geliebt habe in meinen Leben auf Erden, ist es doch so, dass ich nun weiß, dass auch Bücher manches Mal ein Hindernis sein können bei der Entwicklung der Menschen. Ihr sagt, Papier ist geduldig. Es verändert sich eben nicht. Auch wenn sich alles andere verändert, bleibt dieses Buch dieses Buch. Die Worte, die darin stehen, sind dieselben. Die Menschen, die ein altes Buch lesen, haben oftmals ein ganz anderes Verständnis von diesen Worten und interpretieren das Buch anders, als es gedacht war. Oder sie leben streng danach, obwohl sich im Außen und auch in ihnen selbst längst alles verändert hat. Darum war es mir wichtig, dir zu sagen: Halte an nichts fest. Sei im Fluss der Energie. Sende die starke Absicht des Erwachens aus, indem du jede Veränderung begrüßt und mit ihr gehst, und halte an nichts Altem fest. Sei bereit, was du gelernt hast, zu vergessen, dich neu zu orientieren, niemals aufzuhören zu lernen, zu beobachten, zu fühlen und vor allem – den Jetzt-Augenblick zu genießen.

So soll in diesem Vorwort noch einmal das Ende dieser Botschaften aufgegriffen werden. Was ist die 3. Zeit? Warum nennen wir sie die 3. Zeit? Gab es eine 2. Zeit? Gab es eine 1. Zeit? Nun, die 3. Zeit ist das, was ihr unter der Neuen Zeit versteht, und beides schließt einander ja nicht aus. Doch der Begriff der 3. Zeit beinhaltet noch etwas mehr. Er besagt, dass es eine Entwicklung gab. Er bezieht sich auch darauf, dass es einen Anfang der sogen. Erdenzeit gab, eine 1. Zeit. Diese Zeit war, als ihr als hohe Lichter auf diesem Planeten in Lemurien inkarniert habt – das erste Mal vor Milliarden von Jahren. So unwahrscheinlich es für dich vielleicht klingen mag, seitdem bist du hier, in sich wandelnder Form. Dort hast du eine Entscheidung getroffen. Diese Entscheidung hat sehr, sehr lange Gültigkeit gehabt. Diese Entscheidung hatte beinhaltet, dass du dich aus freien Stücken auf diesen Planeten und in die Dualität begeben hast. So hat sich um deinen Seelenkörper über eine sehr lange Zeitperiode dein physischer Körper gebildet. Und vielleicht hast du auch schon von Atlantis gehört? Zu dieser Zeitepoche, die vor Millionen von Jahren auf eurem Planeten begann, warst du auch in einem Körper. Nach Atlantis gab es eine weitere Nulllinie der Zeit. Die Uhren wurden sozusagen auf Null gestellt. Es war so, wie wenn bei einem Fußballspiel die Hälfte der Zeit vergangen ist. Es war eine Zeit des Innehaltens, und eine neue Entscheidung war fällig. Du hattest die Wahl, auf diesem Planeten zu bleiben, immer wieder zu inkarnieren, dich wieder in das Rad des Karma von Sterben und Wiedergeburt einzureihen – mit einem großen Ziel, dass letztendlich, irgendwann in einer dritten Zeit – so viel wusstest du – der Planet die Befreiung erreichen wird und jeder Mensch auf ihm. Dass jede Seele in das Licht aufsteigen und Frieden und Liebe wieder sein wird. Da du da bist, jetzt, hier, hast du dich zu Beginn der 2. Zeit dazu entschieden zu bleiben.

Jetzt hat die 3. Zeit begonnen. Eine weitere Nulllinie wurde überschritten und jetzt ist in allen Menschen, in ihrer Seele, die Frage: Möchte ich bleiben? Möchte ich in dieser 3. Zeit, in der ich frei bin von jedem Karma, in der ich frei bin von Sterben und Wiedergeborenwerden mich verjüngen, Hunderte von Jahren in einem physischen Körper bleiben, der gesund ist und kraftvoll? Möchte ich diese Zeit erleben, die frei sein wird von allen Beschränkungen?

Das Buch der 3. Zeit werdet ihr jetzt schreiben. Es beginnt jetzt, und ich, Laotse, ich würde mich freuen, wenn du es mitschreibst. Ich überreiche dir nun zum tieferen Verständnis des Geschehens, einen Stift und lade dich ein, in dieses Buch der 3. Zeit deine Geschichte, deine Entscheidung für Freude, Liebe und Leben niederzuschreiben.

Voller Freude, und diese Freude im Fluss der Liebe wünsche ich dir nun im Anschluss bei den Botschaften der Neuen, Dritten Zeit.

Lese und lausche mit deinem Herzen.

Dein Freund
Laotse

Laotses Live-Ticker – Botschaft Nr. 1

Gesundheit – Krankheiten – Symptome
Menschlicher Körper
Die Eigenliebe • Erdung – Erdungsübung
Kinder und ihr elektronisches Spielzeug

Meine lieben Freunde des Lichtes. Ich begrüße euch. Ich begrüße euch über alle Grenzen hinaus, jenseits dessen, was jeder Einzelne von euch zu sein glaubt. Ich, Laotse, ich bin ein Meister der Liebe. Du könntest mich auch einen Engel nennen oder einen aufgestiegenen Meister, weil ich einst so lange Zeit auf Erden gelebt habe, so wie du jetzt auch in einem Körper. Glaube mir, ich habe viele Erfahrungen sammeln können, und es ist eine Besonderheit meiner Energie, dass ich viel von den menschlichen Erfahrungen mit in die Bereiche des Lichtes nehmen konnte. Das hat einen ganz bestimmten Grund. Dieser Grund bist letztendlich du, seid ihr, damit ich euch jetzt aus den hohen Bereichen des Lichtes unterstützen kann mit meinen Botschaften, mit meiner Liebe, meiner Energie. Meine Energie trägt eine tiefe Kraft der Ruhe und Gelassenheit, in mir vereint sich Wissen und Weisheit. Ich bin eine Energieform, die du als freundschaftlich empfinden wirst auf einer fast menschlichen Ebene. Ebenso bin ich der menschlichen Sprache sehr zugewandt. Zeit meines Lebens auf Erden habe ich mich sehr für die Sprache interessiert – für ihre Möglichkeiten und aber auch für ihre Begrenzungen. Das ist etwas, was ich euch ganz zu Beginn sagen möchte: dass für all die Botschaften, die aus der geistigen Welt gesendet werden, hinaus in das Menschengedenken, immer die Sprache eine Barriere, eine Grenze darstellt, wo selbst wir, die es gewohnt sind, völlig unbegrenzt zu wirken und zu sein, an unsere Grenzen stoßen. Ich bitte dich, lasse du dich nicht stören davon und höre mit deinem Herzen. Denn es ist immer das Herz, das besonders gut begreift, wenn der Verstand versagt. Doch werde ich in einer ganz besonderen Zusammenarbeit mit dem Medium auch eine sehr einfache und kindliche Sprache wählen, um dich in deinem Inneren anzutreffen, um vielleicht auch manches Mal dein inneres Kind zu berühren und dich zum Schmunzeln zu bringen.

Das ist etwas sehr Wichtiges in dieser Zeit, dass du deinen Humor behältst, dass du lachen kannst, die Fröhlichkeit, die Leichtigkeit und dein inneres Kind spürst. Auch ich trage diese Leichtigkeit in mir, zumindest jetzt. Denn in den meisten meiner Leben auf Erden, und besonders in meinem letzten als Laotse, war dies nicht so der Fall. Ich war oftmals sehr traurig, hatte tiefe Sehnsucht, wusste nicht wonach, und ich studierte die alten Weisheiten und beschäftigte mich mit der einen großen Wahrheit. Ich spürte in meinem Herzen die Wirklichkeit und doch war es mir zur damaligen Zeit kaum möglich, mich mitzuteilen, mit anderen Menschen auszutauschen, denn die Macht des Wortes zu dieser Zeit war eine ganz besondere und somit war auch die Einschränkung eine besonders große. Doch es verändert sich so vieles jetzt in dieser Zeit, und ich werde, um meine Borschaften hier für dich zu senden, immer wieder auch auf den Wortschatz des Mediums zurückgreifen und vielleicht auch etwas Umgangssprachliches oder etwas Saloppes einfügen. Das bereitet mir große Freude.

Also beginne ich, Laotse, gleich damit, euch zu sagen: Endlich, endlich können wir beginnen. Ich wurde schon etwas ungeduldig. So würdet ihr es zumindest nennen. Doch ich empfinde es als ein Ziehen in meiner Energie, in meiner Seele, einen Drang. Ich empfinde es wie eine Sehnsucht nach euch und letztendlich auch als eine Aufgabe, die ich hier als alter Meister trage, denn so werde ich im Universum genannt. Du kannst mir ruhig glauben, dass dadurch, dass ich so viele Orte des Universums bereist habe und auch auf Erden so viele Erfahrungen gesammelt habe und so viele Erinnerungen mit nach Hause zurückgebracht habe, sich selbst die Engel oftmals um mich scharen, und es sind auch sehr hohe Engel dabei, um meine Geschichten und Anekdoten zu hören. Oftmals ist auch der Engel Gabriel anwesend. Er ist besonders erfreut und einer meiner eifrigsten Zuhörer. Wir, die lichten Wesen, wir tauschen uns auf eine Art aus, die eurer Sprache, sagen wir einmal so, nur im Entferntesten ähnelt. Es sind Impulse von Farben und Tönen, die wir einander senden. Dabei gibt es keine Missverständnisse, denn nur Worte und der menschliche Verstand lassen Missverständnisse aufkommen.

Darum möchte ich dich, meiner lieber Freund, meine liebe Freundin auf Erden, noch einmal dazu aufrufen, mit deinem Herzen zu hören. Vielleicht stellst du dir gleich einmal mit deinem Herzen diese Frage. „Ist es möglich, dass dort, irgendwo jenseits einer Barriere, einer Grenze, eines Schleiers der Dimensionen, ein alter Meister sitzt, der zu mir spricht?" Hältst du das für möglich? Ich kann es dir nicht beantworten. Es ist wichtig, dass du diese Antwort für dich in deinem Herzen findest. Wenn das für dich in diesem Moment noch nicht so einfach sein sollte, dann stelle dir einfach vor, dass es ein alter, weiser Mann mit einem langen, weißen Bart ist aus den fernen östlichen Gefilden, der dir die Weisheiten des Lebens und größere Wahrheiten zu vermitteln versucht. Der alles gibt dafür, dass die Menschen die größeren Zusammenhänge begreifen, dass sie die Göttlichkeit in sich fühlen können, dass sie die Liebe, die so wichtig ist wie nichts anderes, zulassen können. Denn so wie ich, der Absender dieser Botschaften, so bestehst auch du aus nichts anderem als aus Licht und Liebe.

Nun, was ist denn diese Liebe? Was ist es, dieses Wort, das in aller Munde ist, das jeder Mensch kennt und über das jeder irgendwie spricht und doch jeder etwas anderes darunter versteht? Ist es die Liebe zu einer Frau oder einem Mann, einem Partner, die Liebe zu seinem Kind, zur Natur, zu einem Tier? Ist es die Liebe zu einer Sache oder zu einer bestimmten Leidenschaft, die du trägst? Oder ist es vielleicht sogar erlaubt, dich selbst zu lieben? Ist es die Liebe Gottes oder die Liebe, die du für Gott empfindest? Oder ist all das das Gleiche? Was glaubst du? Spüre einmal in dich hinein.

Was ist es denn, was du dir am meisten wünschst, immer schon, als Kind, noch ganz offenbar und unschuldig? Doch auch jetzt, als vielleicht erwachsener Mensch, auch wenn du es nicht zugibst, wenn jemand dich fragt: Du möchtest geliebt werden, Geborgenheit und Sicherheit in dieser Liebe erfahren. Du möchtest deinen Platz kennen und dich zu Hause fühlen. Das ist es, wonach deine Seele strebt.

Wenn du manches Mal etwas traurig bist, könnte es sein, dass das die Sehnsucht, die du in dir trägst, all das wiederzuerlangen, ist? Ich, Laotse, sage dir ganz bewusst: wiederzuerlangen, denn es ist ein natürlicher Zustand. So, wo bewegst du dich auf dieser Welt in deinen Gedanken, in deinem Leben? Was ist für dich die Wahrheit? Was ist deine Realität? Wie sieht sie aus? Erfährst du all das, was du dir in deiner Seele wünschst? Oder hast du das Gefühl, dass es dir vorenthalten wird? Hast du vielleicht dich deshalb auf eine andere Strategie verlegt, um zumindest Anerkennung zu erfahren, vielleicht aber auch darauf, krank zu sein und dadurch Mitgefühl zu erfahren? Ich weiß all das ist sehr menschlich und glaube mir, ich habe all das am eigenen Leib erfahren und gefühlt und ich weiß, wovon ich spreche. Obgleich wir jenseits des Tores der Dimensionen keinen Körper haben so wie du, ist doch dieser Körper etwas, was uns, und besonders dich, noch etwas beschäftigen wird.

Dazu habt ihr viele Fragen und mich, Laotse, freut das jetzt so sehr, denn ich wurde lange geschult und habe viel geübt, um euch Botschaften zu überbringen. Immer, wenn ich gerufen werde, bin ich voller Freude und vibriere in meinem Licht und bin sofort zur Stelle. Manches Mal vibriere ich so sehr, wie auch du es kennst, in freudiger Erregtheit. Doch, wie schon gesagt, ihr auf Erden nennt das Ungeduld und so etwas gibt es bei uns natürlich nicht, doch entspringt es demselben, einer Vorfreude, einer Sehnsucht, einem Ziel, dem man entgegen eilt.

Nachdem ich nun so viel über mich gesprochen habe, möchte ich auf euren physischen Körper eingehen, der euch oftmals schmerzt, aber auch, und das ist auch wichtig, dass du das anerkennst, dir oftmals sehr viel Freude und auch Lust bereitet. Er gibt dir viele Möglichkeiten, macht dich mobil. Vielleicht ist dein Körper aber in diesem Leben jetzt, als Mensch, wie du dich erfährst, so eingeschränkt, dass dir all das oder vieles davon nicht möglich ist. An dieser Stelle möchte ich für dich diese Botschaft der Liebe übermitteln. All das ist nicht endgültig und es ist vor allem eines nicht, es ist nicht der natürliche Zustand. Es ist so vieles in Veränderung und Bewegung. Du darfst mir, Laotse, glauben: Wenn du jetzt zu diesem Zeitpunkt auf Erden lebst und in dir eine Absicht und eine Liebe trägst für dich selbst und voller Zuversicht bist, wirst du es in diesem Leben erleben, dass große Heilung eintritt, Heilung auf allen Ebenen. Vielleicht schmerzt dich etwas in deiner Seele, vielleicht hast du schreckliche Erinnerungen, die dich plagen, all das ist relativ leicht zu heilen. Doch der physische Körper, er ist etwas, sagen wir einmal: langsam. Er braucht etwas Zeit. Und vor allem braucht er eines: deine Zuwendung und deine Liebe. Er braucht dich. Denn ihr seid miteinander verbunden. Deine Seele, dein Körper und dein höheres geistiges Wesen, es ist alles eins. All das bist du, ein wunderschönes Licht. Erlaube dir, das zu erkennen und dem einen Stellenwert in deinem Herzen zu geben.

Diese Zeiten der großen Veränderungen bedeuten für eure physischen Körper eine große Herausforderung. Auf einer Ebene, die für die meisten Menschen nicht sichtbar ist. geschieht nahezu Unfassbares. Diese Bewegungen der Energien, die du jedoch, wenn du mit deinem Herzen blickst, beobachten kannst, sie haben viele Veränderungen zur Folge. Ich werde mit euch zu einem anderen Zeitpunkt über das Geschehen auf Erden sprechen, denn auch all das hängt damit zusammen. Es ist eben meist nur die materielle Ebene, die ihr betrachtet. Doch dahinter gibt es so viel mehr. Ich möchte allen, allen, die Krankheit, Leid, Einschränkung ihres physischen Körpers in dieser Zeit verspüren, aus ganzer Seele meines Herzens sagen: Ihr werdet alle Heilung erfahren, und das wird nicht mehr lange auf sich warten lassen. Es hat längst begonnen. Doch zunächst einmal ist es notwendig, dass dafür viele Bereiche deiner Seele und deines

Körpers gereinigt werden. Um es ganz einfach zu machen an diesem Punkt, die meisten deiner Schmerzen und Symptome und auch unerklärlichen Krankheitsanzeichen kommen daher, denn ein großer Prozess der Transformation ist im Gange.

Sicher gibt es auch das, was ihr seit jeher als Krankheiten kennt, als Erkrankung, aber mal abgesehen davon, haben körperliche Erkrankungen zu jeder Zeit und immer schon einen Sinn erfüllt für dich, für dich als Seelenwesen, das sich als Mensch erfährt. Auch darauf werde ich zu einem anderen Zeitpunkt näher eingehen. Und doch ist Krankheit eine der größten Illusionen, die das Menschsein in sich trägt. Ich möchte mich nicht, und ich glaube, dass du das sehr gut spüren kannst, über dich lustig machen, wenn du vielleicht im Moment im Leid gefangen bist und es als Illusion hinstellen. Doch sage ich dir, es wird der Moment kommen, an dem du aufwachst und dieser Traum ein Ende hat. Dieser Zeitpunkt wird nicht dein Tod sein, nicht der deiner Seele und nicht der deines Körpers. Manches Mal, und das könnt ihr auch beobachten, weil ja täglich Menschen auf eurem Planeten sterben, entscheiden sich Seelen zu gehen. Doch auch das ist wichtig, dass du begreifst, dass es eine Entscheidung auf höchster Seelenebene ist. Deshalb sage ich dir, fühle in dich hinein. Spüre, wo stehst du in deinem Leben? Ist in dir ein klares JA zum Leben, zur Freude, zur Gesundheit? Oder hast du längst aufgegeben? Ich möchte dir Mut zusprechen. Ich möchte jedem Wesen, das sich in diesem Konstrukt, in diesem Traum bewegt, zurufen: Das Erwachen ist nahe, freuet euch.

Nun habt ihr verschiedene Symptome, Leiden. Der Körper schmerzt, das Herz schlägt unregelmäßig oder manches Mal haben die Menschen jetzt etwas Probleme, Luft zu bekommen. Dies sind in aller Regel, und ich sage in aller Regel, weil es immer Ausnahmen von der Regel gibt, das, was wir als Lichtkörpersymptome bezeichnen, als energetische Symptome des Wandels. Darüber brauchst du dich nicht zu sorgen. Wenn du etwas an deinem physischen Körper als sehr einschränkend empfindest und schmerzhaft, wende dich an einen Arzt, an einen Mediziner, an einen, der dich als Mensch erkennt, ob es nun ein Heiler oder ein Heilpraktiker ist oder ein einfacher Arzt, der mit deiner Seele schwingt. Wenn er und die Medizin nicht feststellen können, woher dein Symptom stammt, dann ist es ein sicheres Anzeichen dafür, dass es etwas Vorübergehendes ist, das mit der Veränderung der Energie auf eurem Planeten zu tun hat. Da möchte ich euch einen wichtigen Hinweis geben: Erdung bedeutet, in seinem Energiefeld gut verankert zu sein, mit beiden Beinen auf dem Boden zu stehen. Für deine Seele ist Erdung sehr wichtig, doch auch für deinen Körper. Und gerade für deinen Körper möchte ich jetzt mit dir eine kurze Erdungsübung ausführen:

Setze dich so hin, dass beide Beine den Boden berühren. Rufe mit mir zusammen die Energie des Sonnengottes. Diese Energie der Sonne soll sich um deine Füße legen. Daraus bilden sich ein Paar Stiefel, die deine Füße fest umschließen und dich fest am Boden halten.

Spüre jetzt, dass das nicht nur eine Vorstellung ist, sondern dass dein Geist und deine Absicht dies in diesem Moment erschaffen. Vielleicht kannst du auch gleich fühlen, wie diese Erdungsstiefel deine Füße fester am Boden halten, wie eine warme Energie von unten nach oben steigt. Lasse sie dann im ganzen Körper emporsteigen und alle deine Zellen berühren.

Laotse, als Kenner der alten Schriften von längst vergangenen Zeiten, sagt jenen, die den Vorgang der Erdung so kennen, dass sie sich mit Mutter Erde Solvana verbinden, tut das in dieser Phase nicht. Das gewährleistet euch derzeit keine Erdung. Die energetischen Verhältnisse haben sich geändert. Erdung heißt nicht deshalb so, weil die Verankerung deines Energiesystems zwangsweise über die Erde geschehen muss, sondern weil es in der Vergangenheit so war. Es wird eine Zeit kommen, wo sich das wieder ändert. Wir werden euch in Botschaften in einigen Jahren darüber informieren. Führe die Erdung auf die Art durch, die Laotse dir empfohlen hat, und du wirst spüren, wie sich dein System ausgleicht. Tue das immer wieder. Noch etwas sage ich dir, meine liebe Freundin, mein lieber Freund: Die beste Erdung ist es, Freude am Leben zu haben, zu tanzen, zu lachen, Liebe zu machen, JA zum Leben zu sagen. Die Kinder, sie tun das auf ihre Art. Und deswegen, weil wir gerade hier angelangt sind bei dem Besten, was auf Erden ist: eure Kinder und das Kind in dir, staunend, verspielt und lebenshungrig; ein Wort zu ihnen.

Jemand wollte wissen, was es damit auf sich hat, dass sich so viele Kinder und Jugendliche elektronischen Spielgeräten zuwenden oder auch sehr in der Musik versenken oder in eurem Internet. Auch das habe ich studiert. Ich, Laotse, finde das eine wunderbare Erfindung. Lege einfach all deine Bedenken beiseite. Die Kinder handeln nach ihrer Intuition. Von was glaubst du werden sie denn abgelenkt, wenn sie sich diesen Spielgeräten zuwenden? Sie werden von dem abgelenkt, was die Menschheit über viele Jahre tief geprägt hat, vom kollektiven Bewusstsein. Sie wollen sich dadurch auch etwas abschotten, abgrenzen. Vielleicht ist es nicht die allerbeste Form, dies zu tun. Aber für viele gibt es keine andere Möglichkeit und es dient dem Zweck der Abgrenzung und Entwicklung. Deshalb wertschätze ihre Entscheidung, sie suchen sich ihren Weg, denn sie sind, auch wenn es oftmals nicht so aussieht, sehr tief mit ihrer Seele verbunden.

Ich, Laotse, voller Freude, voller tief empfundener, unermesslicher Freude, dass nun endlich, endlich, endlich ich zu euch tragen darf mein Wort, mein Herz. Es wird mir eine Freude sein, immer wieder auch mit euch zu plaudern über Dinge, wie ich sie sehe, und euch auch Fragen zu beantworten.

Fühle dich willkommen, fühle dich angenommen, fühle dich gesehen, geehrt und geliebt.

Dein Laotse

Ich danke dir.

Laotses Live-Ticker – Botschaft Nr. 2

Beschleunigung der Zeit – Aufstieg
Die Macht der Gedanken
Nahrung – Ernährung
Barcode auf Lebensmitteln
Umweltzerstörung – Elektrosmog

Meine liebe Freundin, mein lieber Freund des Lichts und der Liebe, ich bin Laotse und ich begrüße dich, ich begrüße dich zu einer neuen Botschaft, die hinausgetragen wird in die Welt, um die Herzen der Menschen zu erreichen, um für Verständnis zu werben, Verständnis für die Welt, Verständnis für jeden einzelnen Menschen und dessen Seele, Verständnis für dich selbst.

Meine Freude ist fast größer als ich. Das sollte ein Scherz sein. Doch höre, öffne wie immer dein Herz ganz weit, weil die eine oder andere Antwort, Botschaft, Darstellung, Sichtweise der Dinge dich vielleicht fordern wird, weil sie so ganz anders ist, als du es dir vielleicht vorstellst. Und doch spreche ich, Laotse, aus den höchsten Bereichen des Lichtes immer in Erinnerung, wie es war für mich als Mensch, die schönen Momente, doch auch die schwierigen. Und so kann ich euch, den Menschen, den Engeln auf Erden, sehr gut nachfühlen, wie es euch derzeit geht. Denn die Veränderungen sind so groß wie niemals zuvor.

Du hast dich so viele Male auf diesem wunderschönen Planeten inkarniert – so viele Leben gelebt. Oftmals ist ein Leben vergangen und es ist scheinbar fast nichts geschehen. Alles blieb beim Alten und im nächsten Leben war es vielleicht ebenso. Zumindest das jedoch, meine lieben Freunde, lässt sich von eurer jetzigen Inkarnation nicht behaupten.

Je näher die Erlösung, desto näher das Erwachen, je höher das Bewusstsein auf dem Planeten, umso schneller bewegt sich die Zeit. Die Beschleunigung von Energie bedeutet immer auch, dass sich euer Konstrukt der linearen Zeit, das unterteilt in Vergangenheit, Gegenwart und Zukunft, auch beschleunigt, nicht nur subjektiv in deinem persönlichen Empfinden, sondern auch tatsächlich innerhalb der planetaren Gesetzmäßigkeiten. Trage all das mit einer Art Pioniergeist. Es ist ein Abenteuer. Es ist etwas, womit viele Engel gerne mit dir tauschen würden, um diesen Auftrag, um diesen Dienst auf Erden, den du dabei bist, so wunderbar zu erfüllen.

Kein Tag ist wie der andere. Die Energien verändern sich fast stündlich. Und je näher die Heimkehr rückt, das Ankommen bei dir selbst, das Begreifen der Menschheit, dass sie eine Einheit ist, umso mehr. Von vielen wird das als Aufstieg bezeichnet. Und tatsächlich ist es ein Erwachen. Es ist die erste Erwachensstufe, die dieser Planet erreicht, indem er sich aus der Dualität und aus der Spaltung und aus dem Bewusstsein des Getrenntseins befreit. Es ist, erlaubt mir, das zu sagen, das schönste, wundervollste, großartigste Geschenk, dass du jetzt da sein kannst und darfst, wo du bist.

So spüre den Frieden in deiner Seele, der dort wohnt in jenem Teil deiner Seele, die den Weg kennt, die nicht vergessen hat mit dem Sterben und mit der nächsten Geburt in ein neues Leben, was sie erlebt hat, die alles weiß und überblickt von Anbeginn an. Und so jubelt deine Seele. Erlaube, dass dieser Jubel und diese Freude, diese himmlische Freude, auch in dein Bewusstsein rückt.

Es gibt so viele Dinge, die dich beschäftigen, die dich beunruhigen, die du gerne verändern möchtest, über die du dich ärgerst oder traurig bist. Auch das ist natürlich ein Teil der ganzen Bandbreite des menschlichen Lebens. Doch je mehr du das göttliche Licht in dir spüren kannst und den größeren Sinn hinter den Dingen erkennst, umso mehr wirst du neutral werden, weithin Mitgefühl für jeden Einzelnen empfinden, der sich noch im Strudel seiner Emotionen und seiner Ängste bewegt. Und doch wirst du wissen, alles ist gut.

Diese Worte möchte Laotse all jenen zurufen, die sich im Kampf befinden, jenen, die mit Adleraugen die Missstände der Menschheit auf diesem so wunderschönen Planeten ausmachen. All jenen rufe ich zu: Finde in dir den Punkt des tiefen Friedens und wisse, alles, was sich zeigt, ist ein Prozess, ist eine Entwicklung, ist letztendlich, wenn du so willst, Evolution.

Die Menschen blicken in der Zeit zurück, und sie benennen das, was geschehen ist bis zum jetzigen Zeitpunkt, als die Geschichte der Menschheit. Obwohl sie davon nur einen kleinen Teil betrachten, wahrhaben wollen, um es besser auszudrücken, gestehen sie doch der Natur die Entwicklung des Lebens über eine lange, lange Periode der Zeit zu, und wir sprechen hier von Milliarden Jahren. Mal abgesehen davon, dass kein menschliches Denken jemals eine solche Zeitspanne erfassen könnte, ist es doch erstaunlich, wie sehr die Menschheit glaubt, diese Dinge zu erfassen, zu wissen.

Lehne du dich entspannt zurück und wisse, es gibt so viel mehr, als du je zu träumen gewagt hast. Du bist länger schon auf diesem Planeten, als es eurer Wissenschaft zufolge hier überhaupt Leben gibt. Du trägst alles in dir, die Erfahrungen all dieser Zeiten; jetzt in diesen wenigen, aus kosmischer Sicht gesehen, Bruchteilen von Sekunden des Geschehens, bevor dieser Zyklus endet und etwas wundervolles Neues entsteht. Jetzt bist du hier, bist ein Zeuge der Zeit, bist Beobachter. Aber du bist auch Erbauer, Schöpfer dieser neuen Welt. Jetzt bin ich etwas abgeschweift. Doch um zurückzukommen, erbaue du diese neue Welt so, wie du es in deinem Herzen fühlst. Wenn du in dir begriffen hast, dass alles eins und miteinander verbunden ist, dass jedes Leben seinen Wert hat, dann lebe du das. Doch gestehe anderen Menschen und auch dem Rest der Menschheit, der teilweise in seinem Bewusstsein noch schlummernd ist, auch zu, dass sie es noch nicht erkennen, dass sie es nicht besser wissen, dass es ein Prozess und die Entwicklung jedes Einzelnen ist und letztendlich auch wieder der Rasse Mensch, dorthin zu finden, wo du vielleicht schon bist. Doch Laotse möchte dir auch sagen, wenn du in deiner Entwicklung dort angelangt bist, dass du beschämt bist, dass es dich traurig macht und wütend, wie die Menschen mit der Natur umgehen und den Tieren, dann hast du den meisten anderen Menschen gegenüber schon einen langen Weg der Erkenntnis voraus. Doch glaube mir, das ist noch nicht das Ende aller Weisheit.

Ich, Laotse, als Träger des Wissens und der Weisheit, ich sage dir, wenn du den Frieden in dir findest, dann weißt du, dass der göttliche Plan alles beinhaltet, dass es keinen Grund gibt, gegen etwas zu kämpfen, denn Kampf erzeugt immer Kampf. Auch wenn du ein Friedensaktivist bist oder dich sehr und vehement für die Rechte der Tiere oder andere Gruppen einsetzt, musst du dir bewusst sein, dass du damit das, was vorhanden ist, das, was du bekämpfen möchtest, sogar noch förderst, indem du deinen Fokus darauf lenkst, indem du nicht bei dir bleibst. Ändere du, was du zu ändern vermagst. Ändere, wenn dein Herz und deine Seele es dir sagt, all das in deinem persönlichen Leben. Mache es so, wie du es dir wünschst. Doch wisse auch, dass das nur für dich gelten kann und dass jeder andere Mensch andere Erfahrungen macht. Jeder Mensch durchläuft einen ähnlichen, aber doch individuellen Prozess. Wisse, dass es für manchen Menschen jetzt, und selbst für jene, die sich sehr bewusst sind, durchaus noch stimmig sein kann, Fleisch zu essen oder sich vielleicht nicht zu bemühen, über dem Boden zu schweben, um keine Lebewesen zu zertreten, weil er mit beiden Beinen fest auf dem Boden steht, gut geerdet ist und letztendlich seine Visionen, seine Wahrheit somit manifestiert und erschafft. Gestehe jedem anderen zu, dass er für sich entscheidet, was für ihn zu jedem Zeitpunkt richtig ist und gut, und stülpe niemandem etwas über. Wenn du das verinnerlichst, wird es die Liebe zu dir selbst, doch auch die Liebe zu den Menschen ausdehnen. Denn wenn du in dir die Eigenschaft trägst, oder sagen wir lieber die Vorstellung von richtig und falsch, von gut und böse, wirst du das immer auch bei dir beobachten und darüber richten und dich innerlich dafür bewerten. Du wirst bei anderen Menschen, und vielleicht auch unbewusst bei dir selbst, deine Spiritualität infrage stellen, immer wenn du dich zu etwas hast verleiten lassen, was deine mentalen Strukturen als nicht richtig befinden. Das, meine allerliebsten Freunde, ist mir, Laotse, das Wichtigste, immer wieder zu betonen: Wir, wir kennen diese Bewertung nicht. Wir anerkennen auch nicht eure Begriffe von Moral, von richtig oder falsch, von gut und böse. Und auch der Begriff der Schuld ist uns fremd. Wir sind die Liebe selbst. Und was gäbe ich darum, jetzt in diesem Moment zu wissen, dass jeder, der diese Botschaft empfängt, erkennt, dass dem so ist und dass er selbst genau das Gleiche ist wie wir – die Liebe.

Sei voller Nachsicht für dich, für deine menschlichen Bedürfnisse, für jene deines physischen Körpers, über den wir in der letzten Botschaft gesprochen haben. Die Liebe verbietet nichts. Die Liebe stülpt nichts über. Die Liebe gewährt. Die Liebe hat Mitgefühl, wenn andere sich und anderen Schaden zufügen. Doch die Liebe weiß, die Lösung liegt niemals im Kampf, sondern immer in der Liebe. So sage ich euch: Ihr, ihr Engel auf Erden, ihr habt die größte Herausforderung und die schwierigste Aufgabe, die es im Universum gibt, angenommen, euch in dieser Dichte der Energie, in der Dualität zu erfahren. Mit einem Gedanken in euch, für den ihr von uns alles Mitgefühl erhaltet, dem Gedanken, dass ihr nicht göttlich wäret, dass ihr getrennt seid von Gott. Daraus entspringt die Welt, wie ihr sie an der Oberfläche wahrnehmt. Deshalb blicke dahinter, erkenne die Kräfte des Lichts und der Liebe, die wirken. Und wisse immer, wenn wir, die hohen, lichten Wesen von jenseits der so dünnen Schleier der Dimensionen, zu euch sprechen, dass die Botschaft immer diesen Grundtenor enthalten und dir immer Vergebung entgegen bringen wird, selbst wenn wir wissen, dass Vergebung gar nicht nötig ist. Wir werden dir immer die Freiheit eröffnen und dir die Erlösung bringen.

Ich, der alte Meister, ich empfange so viele Signale von euch. Und ihr habt so viele Fragen. Wir werden sie alle nach und nach beantworten. Ich verwende derzeit einen großen Teil meiner Aufmerksamkeit darauf. Jede und jeder, der die Botschaft von Laotse weiterträgt, sie unter die Menschen bringt, ist ein Prophet der neuen Zeit, ein Verkünder der Liebe, so wie ich es bin. Und eben jenen wende ich mich ganz besonders zu und damit dem Energiefeld, das dabei entsteht, das sich ausdehnen wird mit deiner Hilfe.

Es geht darum, eine neue kollektive Energie, ein Muster zu erschaffen, das in das allgemeine kollektive Bewusstsein getragen wird und dort seine Wirkung tut.

Ich möchte auf etwas eingehen, das mir als sehr wichtig erscheint, weil du das, was daraus folgt, auf so viele Bereiche deines Lebens, vor allem eures öffentlichen und gesellschaftlichen Lebens, anwenden kannst.

Das Leben, es ist das höchste Gut auf Erden und auch im Universum. Doch letztendlich ist das Leben in einem physischen Körper zwar etwas sehr Besonderes, doch auch etwas kräftezehrend und fordernd, dennoch ist es nicht das wahre Leben. Es ist auch sehr begrenzend. Der Körper kann sterben, ist vergänglich, doch das, was du bist, dein Bewusstsein, deine Erinnerungen, deine Seele, sind es nicht. Alles ist Energie. Vor allem spielt auf eurem Planeten, da ihr einen besonders ausgeprägten Verstand habt, die Energie der Gedanken eine große Rolle. Manche von euch sind misstrauisch und haben Sorge, dass sie manipuliert werden, dass Gedankenkontrolle ausgeübt wird. Andere haben Sorgen und Angst vor Umwelteinflüssen, vor Giften. Manche erleben alles, was geschieht, als eine einzige Verschwörung gegen sie persönlich oder gegen die Menschheit. Laotse möchte euch sagen, dass es natürlich Bemühungen dieser Art gibt. Es gibt immer eine Gegenseite, eine Gegenbewegung, die das Erwachen der Menschen verhindern möchte. Wichtig ist aber auch zu erkennen, dass du einen Teil davon auch in dir selber trägst, indem du ja letztendlich deine Grenzen setzt, indem du die Grenzen anerkennst, die gesetzt werden, und dass du dich dadurch getrennt fühlst, einsam und alleine. All das sind Gedanken, die etwas bewirken.

Ihr macht euch Sorgen, dass Symbole dazu verwendet werden, eure Nahrung oder eure Gedanken zu vergiften. Oberflächlich betrachtet, habt ihr damit recht. Doch ich möchte euch die Wirkweise erklären. Nehmen wir einmal die Zahlen. So habt ihr, und viele von euch glauben das, den Verdacht, dass sich bestimmte Zahlen negativ auf euch auswirken. Der Barcode auf Lebensmitteln ist ein gutes Beispiel. Dort taucht die Zahl 666 auf. Und ja, diese Zahl wurde gewählt, einer Symbolik folgend, um in das kollektive Bewusstsein hineingetragen zu werden. Doch ist es wirklich die Zahl an sich? Oder ist es der Glaube an diese negative Symbolik, der etwas bewirkt? Es sind vielmehr als die Dinge eure Gedanken. Eure Gedanken sind so stark. Und wenn sie tausend- und millionenfach gedacht werden, dann zeigt es sich auch so wie angenommen. Das ist wichtig: Ihr habt etwas angenommen, eine Meinung. Doch was ist die Lösung? Sollen alle Dinge, die ihr für negativ erklärt, für gefährlich, ausgelöscht werden?

Oder wäre es nicht einfacher, eine positive Einstellung, noch besser, eine neutrale Einstellung dazu zu entwickeln? Die Welt ist, was du glaubst. Deine Realität entspringt deinen Gedanken. Die kollektive Realität entspringt den kollektiven Gedanken.

Wie gehen nun solche Kräfte vor, in deren Natur es liegt, die andere Seite der Medaille, im Gegensatz zum Licht, die Dunkelheit, zu repräsentieren? Es werden ganz bewusst diese Verschwörungstheorien, wie ihr sie oft nennt, in die Welt gesetzt. Und es sind, obwohl sehr viel Wahres daran ist, letztendlich Theorien und Meinungen, die aufgegriffen werden. Sie werden so platziert, dass jeder von euch glaubt, dass sie verheimlicht werden sollten und dass sie zufällig oder durch Menschen, die die Wahrheit aufdecken, ans Licht gekommen sind. Sie werden ganz gezielt eingestreut, um diesen Verdacht zu erregen. Heimlich wird etwas in die Welt gesetzt und Menschen greifen es auf. Sie sind auf der Suche nach der Wahrheit und sie erhalten Halbwahrheiten und Unwahrheiten. Sie glauben, die Wahrheit gefunden zu haben, und verbreiten es, denn sie möchten eigentlich Gutes tun, den Menschen die Wahrheit verkünden, doch sie verbreiten damit diese Teilwahrheiten nur weiter. Und je mehr Menschen daran glauben und jeder persönlich für sich, desto mehr entfaltet sich eine Wirkung. Ja, sogar so, dass sie gemessen werden kann, praktisch bewiesen werden kann. Es ist eben eine Tatsache, mein lieber Engel auf Erden, du bist Schöpfer. Gib keine Kraft dorthin, um Dogmen zu erschaffen, Glaubenssätze, Vorstellungen von richtig und falsch, sondern wisse, es liegt in deiner Macht, deine Gedankenwelt lichtvoll, auf die Liebe ausgerichtet zu erhalten, zu gestalten. Damit erbaust du diese Welt, wie du es dir wünschst. Zuerst müssen alle Projektionen zurückgenommen werden. Die alten Strukturen können nicht einfach überdeckt werden. Kommt die Neutralität, dann kommt das Neue aus dieser Neutralität heraus, aus der Liebe heraus, aus den reinen Gedanken. Deshalb möchte ich dir in dein goldenes Herz hineinlegen, versuche dich nicht so sehr mit all jenen Details zu befassen – Energien, die schaden, hier, Umweltzerstörung dort, Leid von Tieren, anderenorts Zerstörung. All das geschieht, weil die Menschen diese Gedanken haben. Sie tragen diese Gedanken, weil sie leiden – am unsäglichen Gedanken der Trennung. Sie fühlen sich oft ungeliebt, alleine und hilflos. Du weißt es besser. Ihr seid niemals alleine, ihr werdet unermesslich geliebt und ihr seid Schöpfer.

Ziehe du deine Projektionen zurück und besinne dich auf das Wesentliche. Das ist es, was wir unter einem erwachten Menschen verstehen. Hast du dir schon einmal überlegt, dass es, wie erwähnt, nur *ein* Gedanke ist, der einen Menschen von Gott trennt, und dieser Gedanke ist eben jener, dass er getrennt ist. Es ist kein wahrer Gedanke und dennoch besitzt er eine Kraft und erzeugt eine Realität, die ihr jetzt so sehr zu spüren bekommt, doch die euch letztendlich hilft zu erkennen.

Laotse sagt dir, es ist gut, alles ist gut, wenn du nur vertraust. Für dich ist es immer nur wichtig, deinen nächsten Schritt zu gehen. Tue das voller Mut und festen Schrittes. Du brauchst dir keine Gedanken darüber zu machen, ob du dabei einen Käfer zertrittst, doch, und das ist der Tenor, auf den ich hinaus möchte, es ist immer eine Frage der liebevollen Gedanken. Es ist immer eine Frage, ob du Dankbarkeit in deinem Herzen spüren kannst, Dankbarkeit für jeden Käfer, der vielleicht sein Leben verliert, weil du als Erbauer der neuen Welt ihn aus Versehen zertrittst. Dankbarkeit für jedes

Tier, das stirbt, Dankbarkeit für alles, was ist, Dankbarkeit für jedes Stück Fleisch, das du vielleicht noch brauchst, Dankbarkeit auch für jede Pflanze. Du tötest nicht, du nimmst dir das, was du zum Leben brauchst. Wenn das mit dem richtigen Geist, mit der richtigen Einstellung geschieht, entsteht auch keine negative Energie, kein negatives Karma. Karma im Sinne des Gesetzes: „was du säest, wirst du ernten". Segne alles, was sein Leben gibt, um dich am Leben zu erhalten und spüre dabei Dankbarkeit. Dankbarkeit als eine der höchsten Energien der Wirklichkeit hebt diese Gesetzmäßigkeit auf.

So ist der Fluss des Lebens. So ist der Mensch, und ich hoffe mit diesen abschließenden Worten niemandem zu nahezutreten, er ist nun einmal ein Sonderfall, etwas sehr Besonderes auf Erden. Nicht den Tieren oder den Pflanzen wurde der Auftrag zuteil, den Planeten nach Hause zu holen und zu erwachen. Tiere sind die Liebe selbst und sie sind erwacht. Alles ist Liebe, nur der Mensch glaubt, dass er es nicht ist, dass er getrennt ist. Jedes Tier, jede Pflanze wurde euch dafür gegeben, um das höhere und größere Ziel, den Wechsel der Dimensionen, das Erwachen der Menschheit zu vollziehen. Alles, was ist, dient dir dabei, ja selbst die Elemente. Spüre dafür Dankbarkeit und die Welt wird ein guter Ort sein. Höre auf zu kämpfen und finde den Frieden in dir.

Wenn du für euren wundervollen und lebendigen Planeten etwas Gutes tun möchtest, dann ist es genau das: liebevolle, friedvolle Gedanken, Toleranz und Mitgefühl für jeden Menschen, der noch nicht soweit ist. Das ist der all-eine Geist, der letztendlich alles wieder zusammenbringt, das Bewusstsein, das sich entwickelt zum Gewahrsein, dass alles eins ist und dass es niemals anders war. Und die Liebe, sie ist die verbindende Kraft. Und ich bin dein Freund, hingebungsvoll, ohne jede Wertung dir zu Diensten.

Ich sage dir Dank, dass du mir Aufmerksamkeit geschenkt und dein Herz geöffnet hast.

Dein Laotse

Laotses Live-Ticker – Botschaft Nr. 3

Wie zeigen wir Engel uns?
Neues Zeitalter – neues Bewusstsein
Aufstieg, Dimensionswechsel, wie wird es sein?

Meine lieben Freunde, es begrüßt euch der alte Meister Laotse. Ich tue das in alter und neuer Frische und wie immer freudig erregt, bei euch zu sein. Ich bin ja so oft bei euch, doch immer dann, wenn du deinen Fokus auf eine Energie lenkst wie in diesem Fall jetzt, dann sind wir uns besonders nahe. Wir sind uns nahe, du und ich.

So möchte ich gleich damit beginnen, dich etwas zu fragen. Laotse ist dafür bekannt, die Dinge ausführlich mit vielen Worten, doch – und ich möchte dir gleichzeitig auch sagen – mit sehr viel Energie und noch mehr Liebe zu formulieren. Und mein Medium hat mich gebeten, mich, wenn möglich, etwas kürzer zu fassen. Vielleicht steht dahinter der Gedanke, dass du oder andere, die dies hören, nicht so viel Zeit aufbringen wollen, fokussiert und mit geöffnetem Herzen die Botschaften von Laotse aufzunehmen, wenn die Botschaft eine lange ist? Doch ich habe meinem Medium geantwortet, dass ich glaube und vertraue, dass du spürst, was es bedeutet, wenn du bei dir bist, wenn du diese Momente der Zuwendung, der Gemeinsamkeit, diese Momente der Wirklichkeit und der höheren Wahrheit, diese Augenblicke der unermesslichen Liebe sehr zu schätzen weißt – ist es so? Somit sind wir überein gekommen, dass wir es einfach der Energie überlassen, wie es sich zeigt.

Laotse, dein Freund, wird heute damit beginnen, dir zu erzählen, wie es in unseren Bereichen ist, wie wir als lichte Wesen uns verstehen, wie wir uns selber sehen und gesehen werden. Zum Einen werden wir von dir, von den Menschen wahrgenommen. Wie stellst du dir uns vor, uns Engel? Haben wir eine Gestalt? Bin ich, Laotse, der alte Meister, wirklich ein alter Mann oder bin ich ein Jüngling? Könntest du dir das vorstellen? Tatsächlich ist es so, dass du, wenn du deine Augen schließt und dein Herz öffnest und die inneren Bilder empfängst und wir uns dir zeigen, dass du dann siehst, was du sehen möchtest, sprich, in der Lage bist zuzulassen. Ist in deinem Herzen dort ein alter, weiser Mann mit einem Rauschebart, zeige ich mich dir gerne so. Ist dort ein Jüngling, der voller Freude und Leichtigkeit deine Seele berühren will, bin ich für dich dieser Jüngling. Wir haben keine festgelegte Gestalt, wir, die Aufgestiegenen Meister, nicht und noch viel weniger jene Engel und Wesen, die niemals auf Erden inkarniert waren. Sie zeigen sich dir auch auf die Art, wie du dir das vorstellst, und vor allem auch, wie es für deine Seele am besten ist, wie du es am besten nehmen kannst.

Doch wie sehen wir uns? Wie sehen wir uns selbst? Dazu muss ich dir sagen, wir haben hier keine Spiegel. So gibt es ein Verständnis und es geht viel weniger um das Sehen als um das Gewahrsein seines eigenen Lichtes. Dort ist bei mir, Meister Laotse, noch ein wenig ein Überrest aus der Erinnerung an meine Inkarnationen vorhanden und ich erkenne verschiedene Bilder. Doch in erster Linie bin ich ein schwingender Ton, bin ich ein in bestimmten Frequenzen und geometrischen Mustern tanzendes Licht. Wenn es für deine Seele so richtig ist, stelle dir es so vor wie ein hüpfender Farbball, strahlend und leuchtend fluktuierend und Töne von sich gebend, die so ganz anders sind als die, die du jetzt durch den Mund des Mediums hörst. Diese Töne werden umgewandelt in Sprache von jenen, von den Botschaftern, die diese Töne weitergeben.

Ich, Laotse, bin ein sehr lebendiges Licht, so würdest du es bezeichnen, das sehr viele Impulse und Töne von sich gibt, und ebenso übersetzt es mein Medium für dich.

Höre, mein lieber Freund des Lichtes und meine liebe Freundin der Liebe. Es verändert sich derzeit so viel auf eurem wundervollen Planeten. Es gibt kaum Menschen, die sich so verschließen, dass sie nicht spüren, dass etwas Großes im Gange ist und nichts so bleibt, wie es ist. Doch wie ist es für Menschen, wenn sich vieles verändert und das Gewohnte wegbricht, sich völlig neue Dinge zeigen? Das, was wir Veränderung nennen, löst in vielen Menschen eine Angst aus. Bevor ich weiter spreche, sage ich dir und jedem, der diese Angst in sich fühlt, es gibt keinen Grund, Angst zu haben. Es ist ein Grund zur Freude. Denn es beginnt etwas Neues, etwas Höheres. Zugegeben, ist es etwas, das noch die da war so in dieser Form. Viele Menschen können sich das nicht vorstellen, und das erzeugt zusätzlich ein unsicheres Gefühl. Wie wird es sein? Was wird sich verändern? Was wird bleiben?

Da möchte ich, damit du dich in deinem Geist sortieren kannst, klare Worte sprechen. Auf längere Sicht gesehen, wird nichts so bleiben, wie es war, mit einer Ausnahme, dein Licht und deine Liebe. Was wird sich verändern? Die Menschen werden ihr Licht und ihre Liebe miteinander teilen. Alles, was dem bisher im Weg gestanden hat, wird aufhören zu existieren. Wir nennen diesen Vorgang, den Wechsel der Dimensionen, den Aufstieg. Er ist seit dem Jahr 1987 und verstärkt seit dem Jahre 2007 in vollem Gange. Die unabdingbaren Veränderungen finden bereits statt und sie werden einen Höhepunkt erreichen. Dieser Höhepunkt wird gekennzeichnet sein von Ereignissen, die selbst den letzten Menschen auf Erden nicht unberührt lassen. Was werden diese Ereignisse sein? Nun, zunächst einmal wird es gar nicht so anders sein, als es sich bereits zeigt, vielleicht noch etwas intensiver. Die entscheidenden Eindrücke finden zunächst vor allem im Inneren des Bewusstseins statt. Schon jetzt bemerkst du, dass die Menschen offener werden, dass sie mehr Gefühl zum Ausdruck bringen können. In der Öffentlichkeit ändert sich die Wahl der Worte. Immer öfter ist von Mitgefühl, von Seele, von Menschlichkeit, aber auch von Traurigkeit, Verwirrtheit und Angst die Rede. Das Neue Zeitalter bringt das Fühlen der Seele zum Ausdruck, immer mehr verblassen die Muster und Worte des Verstandes. Es ist erst der Anfang, es ist die Übergangsphase. Noch wehrt sich die frühere Energie, die Rationalität dagegen. Dennoch merkst du, dass sich immer mehr Menschen interessieren für die tieferen Vorgänge, die bisher kaum vorstellbar waren, wenn auch vorhanden. Das kollektive Bewusstsein überwindet Grenzen und ist im Begriff, sich zu öffnen. Das hat weitreichende Folgen und bewirkt zunächst viel Kopfzerbrechen und Herzschmerz, weckt Ängste.

Ich würde dieser Energie der Angst gar keinen so großen Raum geben. Zu jeder Zeit und immer haben Menschen Angst vor diesem und vor jenem. Doch da die größte Angst eben jene vor Veränderung ist, gibt es kein Kräuterchen, das gewachsen ist gegen diese Angst. Denn Veränderung ist unablässig und unvermeidlich. Das Einzige, was ich den Menschen, die diese Angst verspüren, sagen kann, ist, begrüßt die Veränderungen in vollem Vertrauen. Du kannst dich auf die Worte von Laotse verlassen, dass alles gut ist und wunderbar werden wird. Begrüße jede Veränderung, auch im Kleinen. Manches Mal ist es auch notwendig, etwas loszulassen. Wenn es dir möglich ist, lass es los. Es ist nicht verloren. Es wird nur umgewandelt und du erhältst es in neuer Pracht und vielfach zurück. Hab keine Angst. Du bist die Liebe selbst. Alles, was vergeht, ist das, was nicht die Liebe ist. Alles, was neu geboren wird, bist du selbst, in Freiheit, in Fülle und in Gesundheit.

So zeigen sich die planetaren Ereignisse verstärkt anhand der Elemente, mit denen euer Planet, von uns Solvana genannt, auf ihre Art mit den Energien umgeht, sie ausgleicht und reinigt, euch zuliebe und dem großen Ganzen zuliebe. Habe davor Respekt. Habe tiefes Mitgefühl mit all den Menschen, die direkt davon betroffen sind. Auch sie werden dadurch hochgehoben, auch wenn es manches Mal schmerzhaft ist. Oh, wenn sie nur wüssten, was der wahre Grund ist und was sie erwartet! Aller Schmerz wird vergessen sein. Doch gebe diesem Vorgang etwas Raum und Zeit. Selbst wenn sich der Höhepunkt dieses Prozesses zeigt und vielleicht ungewöhnliche Dinge geschehen, die deinen Verstand überfordern, denke an meine Worte. Fühle, dass du das Beste bist, was die Erde trägt, und dass dir nichts geschehen wird. Du bist ein Kind des Lichtes. Glaubst du, der göttliche Vater, die göttliche Mutter, der göttliche Sohn, glaubst du, die Engel würden zulassen, das dir etwas geschieht? Das Gegenteil ist der Fall. Sie tun alles, damit du frei wirst und diese Welt ein guter Ort voller Menschlichkeit, voller Leben und voller Liebe wird. Manchen von euch wird etwas geschehen und sie werden uns verantwortlich machen, uns, die lichten Wesen, deshalb der unwahren Worte beschuldigen. Doch es geht immer um mehr als um das, was einem Menschen im Moment schwerfällt, weil er zweifelt und nicht vertraut. Messt unsere Worte am Ende des Tages, wenn der Prozess vollzogen ist.

Manche von euch gehen als Pioniere voran und sie helfen, die neue Welt zu gestalten. Andere folgen nach und werden sich ebenfalls einbringen. Ich sage dir, wenn du jetzt am Anfang deines Weges stehst, deine ersten Schritte gehst, auch du bist dieser göttliche Mensch, auch du findest Erlösung und Heilung. Lasse dich nicht unter Druck setzen und setze dich selbst nicht unter Druck. Zeit spielt keine Rolle. Diese Geschehnisse, sie vollziehen sich auf so vielen verschiedenen Ebenen und vielleicht nimmst du mit deinem Verstand nur eine im Moment und mit deinem Gefühl eine zweite wahr. Doch es gibt viele mehr. Vertraue auf den göttlichen Plan.

Jemand wollte wissen wie ich, Laotse, mich sehe. Wie siehst du dich, möchte ich dich fragen?

Du siehst dich mit Sicherheit anders, als ich dich sehe, denn ich sehe sehr viel mehr von dir. Ebenso, glaube mir, wenn der göttliche Vater auf mein Licht blickt, erkennt er mehr, als ich von mir sehe. Die Perspektive ist es also, die Energie und das Bewusstsein, die das Erleben und die Wahrnehmungen steuern. Deshalb nimm auch das, deine inneren Bilder, die du von uns hast, einfach so an, wie sie deine Seele dir zeigt. Auch das hat eine Bedeutung, und lasse auch dort Veränderung zu, wenn es so sein soll. Diese Art nennt man Hingabe und Vertrauen. Ich, Laotse, ich werde euch weiterhin, egal was geschieht und wie es geschieht, Botschaften senden. Es werden immer Botschaften sein, die ein jeder Mensch in sich aufnehmen kann, nicht nur jene, die über ein großes Wissen verfügen. Es werden immer Botschaften der Liebe sein. Diese Botschaften überbringe ich euch jetzt im Vorfeld des Höhepunkts des Aufstieges. Ich werde sie euch kurz nach dem Höhepunkt überbringen und in den Zeiten danach.

Wie wird es kurz nach dem Höhepunkt sein? hat jemand gefragt.

Auch da möchte ich, Laotse, offen sein. Für einen Großteil der Menschen wird erst einmal große Verwirrung herrschen, weil sie mit ihrem Verstand nicht nachvollziehen können, was geschehen ist. Ihre Gefühle werden Achterbahn fahren, wie ihr so schön sagt. Doch eins wird alles überstrahlen. Selbst dann, wenn vielleicht auch der eine oder andere Mensch eine Angst verspürt, weil er sich auf neuem energetischem Terrain bewegt: Es wird die Liebe sein, die immer spürbarer sein wird.

Und ja, auch das wird es geben, dass Menschen in Angst erwachen, auch das ist möglich. Doch, um noch einmal darauf zurückzukommen, gebe diesem Gespenst der Angst nicht so viel Macht. Angst ist eine kraftvolle Emotion, die auch in der Lage sein kann, das Erwachen herbeizuführen. Nur ihr Menschen unterteilt in gute und schlechte Gefühle. Ein Gefühl ist eine Energie. Stelle dir vor, du willst einen Karren ziehen. Du könntest ihn auch schieben. Du könntest auch ein Segel darauf setzen und ihn vom Wind bewegen lassen. Du kannst ihn über ebenen Boden bewegen oder musst damit über einen Berg. Auf viele verschiedene Arten kannst du dein Ziel erreichen. Es ist im Endeffekt gar nicht so wichtig, wie du es tust, Hauptsache ist, dass es geschieht. Für alles, was die Menschen verlieren werden im Laufe der Zeit, woran sie jetzt noch besonders hängen, vielleicht bestimmte Objekte oder Vorlieben oder Arten der Ernährung, werden andere Dinge treten. Das, was den Menschen dafür gegeben wird, werden sie als so viel schöner und wertvoller empfinden. Es ist nur dieser Prozess des Übergangs, der viele vor Herausforderungen stellen wird. Das alte Sicherheitsdenken wird nicht mehr greifen. Doch sie werden neue Sicherheit finden in sich selbst, und vielleicht bist auch du einer von jenen, der sie dabei unterstützt mit den Worten und mit Gesten und mit Taten der Liebe und der Brüderlichkeit.

Mein lieber Freund, meine liebe Freundin, ich, Laotse, ich bin bei dir. Rufe mich und ich bringe dir ein tiefes Gefühl der Kraft und der Weite in deine Seele hinein. Stelle dir vor, wie ich aussehe, wie immer das auch sein mag, ich bin es gerne für dich, wie du es liebst.

Laotse sagt dir, sagt euch allen, Dank. Tief verneige ich mich, voller Freude hüpft mein Licht. Ich, Laotse, werde mich nun leuchtend und hüpfend von euch verabschieden. Auch du funkelst, leuchtest, erkenne das.

Laotses Live-Ticker – Botschaft Nr. 4

Seelenpartner und Gegenüber
Beziehungen in der neuen Zeit
Menschliches Miteinander und menschliche Liebe
Kinder und Eltern

Meine lieben Freunde, mein lieber Freund, meine liebe Freundin, ich bin Laotse. Von weit und doch von so nah spreche ich die Botschaft durch das Medium und bin tief verbunden auch mit dir. Ich bin auf vielerlei Art mit dir verbunden.

Doch heute möchte ich mit dir über Freundschaft, über Liebe, über menschliche Beziehungen sprechen. Ich, zu meiner Zeit, als ich meine letzte Erdeninkarnation gelebt habe, ich kannte die menschliche Liebe, so wie du sie heute kennst, nicht. Doch gab es zu jeder Zeit menschliche Beziehungen, ein Gefühl der Zusammengehörigkeit und der Verbundenheit. Ich spreche dich an als Freundin und Freund, und ich weiß und ich fühle ganz tief in mir drin, was diese Worte bedeuten für mich. Doch was bedeuten sie für dich? Empfindest auch du mich als einen Freund? Was bin ich für dich? Bin ich ein Engel, der von irgendwo unsichtbar, nicht greifbar, von jenseits eines Schleiers zu dir spricht? Oder kannst du mich auf irgendeine Art auch spüren? Fühlst du die Nähe, die entsteht, wenn du dein Bewusstsein auf mich ausrichtest und dein Herz weit öffnest? Es ist ein wenig so, als ob man einen Menschen, eine Seele kennenlernt. Zum Beispiel kennt ihr das alle, wenn ihr einen Brieffreund habt, den ihr noch niemals gesehen habt, oder vielleicht irre ich mich da auch, denn heutzutage könnt ihr euch ja sehen. Die Technik, sie hilft euch dabei. Doch zu meiner Zeit war es etwas völlig Normales, mit Menschen über die Ferne in Kontakt zu sein, von denen man sich nur deshalb ein Bild machen konnte, weil man ihre Worte und ihre Energie in einem Brief gespürt und gelesen hat. Wenn man diese Person dann später kennengelernt hat, war man oftmals sehr erstaunt und doch, bei genauerem Hinsehen und Hinfühlen, gab es ein tiefes Erkennen. So hast du kein Bild von mir – so wie ich dir beim letzten Mal über die Erscheinungsform von uns lichten Gestalten erzählt habe. Und doch kannst du mich vielleicht fühlen, vielleicht sogar die Freundschaft und Verbundenheit, die ich für dich fühle.

Wie ist es mit dir? Was erwartest du dir von einem Freund? Wie muss ein Freund für dich sein, dass er ein Freund, ein guter Freund oder der beste Freund ist? In der Regel ist ein Freund etwas Greifbares, jemand, der berührt werden kann, an dessen Schulter du dich anlehnen kannst, mit ihm sprechen, ihm in die Augen blicken. Das ist etwas sehr Wertvolles. Und doch sucht ihr euch auch oft Freunde aus, die ihr nach dem Aussehen auswählt, zunächst einmal. Mit der Zeit zeigt sich immer mehr, wer ein Freund ist und wer nicht. Nun, bei mir, Laotse, musst du dich vorrübergehend noch mit deinem inneren Bild, mit der Energie und mit den Worten zufriedengeben.

Ist Freundschaft Liebe? Was ist Liebe? Welche Arten von Liebe gibt es? Dabei möchte ich mich einmal ganz auf die menschlichen Arten der Liebe, die zwischenmenschlichen einlassen. Gleich zu Anfang, wenn du geboren wirst auf diesem Planeten in einem Körper, erfährst du zum ersten Mal eine besondere, tiefe Art von Liebe. Es ist die Liebe eines Menschen oder zweier Menschen, deiner Eltern. Unabhängig davon, dass du sie dir gewählt hast, bevor du dich entschieden hast, als Seele einen Körper anzunehmen, spürst du diese ganz persönliche, diese ganz besondere, tiefe Art der Liebe, wie es sie nur zwischen Eltern und Kind gibt. Diese Liebe und das Band, das ein Kind mit seinen Eltern verbindet, ist untrennbar auf ewig. Sie wird als eine der höchsten Liebesformen der menschlichen Art angesehen, wenn nicht sogar die tiefste und innigste.

Nun gehst du hinaus in die Welt, entwickelst dich vom Kind zur Frau, zum Mann und du nabelst dich von deinen Eltern ab.

Vielleicht gehen sogar manche im Streit von ihren Eltern und versuchen dieses Band der Liebe, das sie verbindet, zu durchtrennen. Meine liebe Seele, ich sage dir, du wirst es niemals trennen können. Wenn dort ein Schmerz ist, dann heile ihn in Dankbarkeit. Erweise deinen Eltern die Ehre, dass sie dir das Leben geschenkt haben, und nimm all das Gute und mache in deinem Leben etwas daraus und blicke vorwärts, denn du, du wirst diese Liebe weitergeben an die Nächsten, an deine Kinder. Je mehr du es zulassen kannst, dieses Liebesband zu deinen Eltern zu spüren, umso mehr wirst du es deinen Kindern vermitteln können.

Es wird oftmals gefragt: Was kann ich für meine Kinder tun in dieser neuen Zeit? Und meine Antwort lautet, das, was du dir selbst tust, wird an deine Kinder übergehen, wenn du mit Dankbarkeit, wenn du mit Achtung auf deine Eltern zurückblicken kannst, egal was war. Wenn du diese Energie und diese Liebe annimmst, dann wird sie auch deine Kinder stärken und deren Kinder und wird in die Welt hinausgetragen. So wird eine neue Welt erschaffen. Jetzt! Und es hat begonnen.

Mein lieber Mensch göttlichen Ursprungs, erkenne, dass die meisten Menschen durch das Leben gehen mit einer tiefen Sehnsucht in ihrem Herzen, etwas zu finden, was diese Sehnsucht stillt. Diese Sehnsucht wird auf so viele verschiedene Gefühle der menschlichen Art, der neuen Zeit, projiziert. Manche glauben, dass sie diese Sehnsucht stillen können, wenn sie einen bestimmten Partner finden. Sie suchen nach einem Gegenüber, nach einem Seelenpartner, nach einer Dualseele. Ich möchte dir sagen, ich habe erkannt, als ich in das Universum zurückgekehrt bin und seither meine Studien betreibe und die Menschen beobachte, dass es zu meiner Zeit andere Gefühle waren, die die Menschen versucht haben heranzuziehen, um diese Sehnsucht in sich zu stillen, diesen Part, diesen Teil, der wie leer erscheint in ihnen, auszufüllen. Zu allen Zeiten war es wichtig, im Herzen seinen Vorfahren den Platz zu geben, der ihnen gebührt. Doch schien das nicht genug. Irgend etwas fehlte immer. Doch sollst du auch wissen, dass zu früheren Zeiten, vielleicht auch noch zu Zeiten deiner Eltern und Großeltern diese Sehnsucht auf andere Art versucht wurde zu stillen. Wenn sich Menschen gefunden haben, und egal welchen Geschlechts, und sich als Paar erkannt haben, dann haben sie andere Dinge für wichtig erachtet. Ob du mir das nun glaubst oder nicht… doch du kannst es mir glauben. Euer Gefühlskörper ist noch nicht lange so entwickelt, dass du dieses Gefühl des Verliebtseins spüren kannst, das dich wie magisch zu einer anderen Seele hinzieht. So haben die Menschen zu früheren Zeiten dieses Gefühl kaum oder gar nicht gespürt. Sie haben sich zusammengefunden und dabei Eigenschaften wie Verlässlichkeit, Freundschaft, Tüchtigkeit oder andere Eigenschaften, die für sie wichtig waren, um zu bestehen zu diesen Zeiten, vorne an gestellt bei ihrer Partnerwahl, auch bei der Wahl ihrer Freunde. So war zu früheren Zeiten das Gespräch über Gefühle und tiefe Bewegungen in der Seele, so wie du es heute kennst und mit einer Freundin oder einem Freund besprichst, kaum üblich. Es ging dabei vielmehr um ein gemeinsames Erreichen eines Zieles. Es ging um gegenseitigen Schutz. Es ging um Dinge wie Ehre. Es ging mehr um überlebensnotwendige Dinge. Du siehst, wie sehr sich das geändert hat. Und das, wenn du nur 100 oder 200 Jahre in der Zeit zurückgehst. In früheren Zeitepochen war es noch einmal ganz anders.

Was ich dir sagen will, ist, dass die Empfindung der Liebe etwas sehr Subjektives ist. Und jeder Mensch hat davon eine andere Vorstellung. Oftmals gleichen sich diese Vorstellungen auch und dann fügt es sich, dass zwei Menschen zusammenfinden und das gefunden haben, was sie zu suchen glaubten. Das kann sehr erfüllend sein und doch ist dort noch etwas im Hintergrund. Menschen, die spirituell denken und fühlen, glauben dort im Hintergrund einen ganz besonderen Partner, ein Gegenüber zu erkennen, zu erfühlen – jemanden, der auf sie wartet, und sie machen sich oftmals auf die Suche danach oder sie warten darauf. Und entschuldigt bitte diesen Ausdruck, sie verpassen oftmals dabei das Leben. Zumindest bis ihnen bewusst wird, dass diese Vorstellungen, dass es ein ganz bestimmter Mensch, eine bestimmte Seele ist, die für einen erschaffen, bestimmt wurde, so nicht gibt. Diese Begriffe wie Seelenpartner, Dualseele, Zwillingsseele, das sind Begriffe, die die Menschen geprägt haben und mit denen sie versuchen, sich ihre Sehnsucht zu erklären. Doch ich glaube, dass du es spüren kannst, wenn Laotse dir sagt, dass diese Sehnsucht, die du in dir trägst, auch die Erfüllung in sich trägt. Du trägst das in dir, was du suchst. Kein Mensch ist nur halb und nur ganz mit einem anderen, bestimmten Menschen. Jeder Mensch ist in sich vollkommen, und was du spürst, das ist die Sehnsucht nach der völligen Verschmelzung mit deiner Seele.

Warum habe ich, Laotse, heute dieses Thema ausgewählt aus den vielen Fragen, wo es doch so viele aktuelle Geschehnisse gibt auf eurem Planeten, die besprechenswert wären? Wir werden das sicher auch zu einem geeigneten Zeitpunkt tun. Weil die Liebe das Wichtigste ist. So ist es und war es immer. Egal über was du sprichst oder nachdenkst, die Lösung, das, was du dabei suchst, ist immer nur die Liebe. Diese Sehnsucht, die sich dann erfüllt, wenn du beginnst, dich selbst voll und ganz zu lieben, zu wissen, dass du vollkommen bist, ein vollkommenes göttliches Geschöpf ohne jeden Mangel, ohne Mängel, ohne Schwäche, ist die Sehnsucht nach Liebe zu dir selbst. Auch wenn du es oftmals anders wahrnimmst, wie es sich in der Dualität, im Alltag, zeigt oder es dir andere Menschen einreden möchten, ist es so, wie Laotse sagt. Du wirst von uns so unermesslich geliebt wie diese Liebe selbst. Daran gibt es keinen Zweifel. Es gibt daran kein „aber“, kein „vielleicht“ oder „wenn, dann“. Wenn dir ein alter Freund, der zufällig gleichzeitig auch noch ein Engelskleid trägt, sagt, dass du es bist, wonach du suchst, dann ist das so. Manche nennen es den Heiligen Gral, auch der ist in dir. Alles, was du suchst, ist in dir.

So wird sich die menschliche Liebe im Laufe der Zeit immer mehr verändern. Sie wird sich entwickeln, so wie sie es immer getan hat. Wenn du heute noch Vorstellungen hast, wie du dir die Liebe zwischen Partnern vorstellst, wie die Liebe zwischen Freunden sein soll oder wie Liebe zu deinen Eltern zu sein hat, du wirst es bald aus einem anderen Blickwinkel betrachten. Vielleicht werden sich auch deine Vorlieben ändern, was du nie für möglich gehalten hättest. All das ist möglich, wenn du ohne diese Sehnsucht, ohne jede Projektion auf Gefühle, auf Menschen oder auch Objekte in die Welt hinaus blickst, wenn du ohne zu erwarten liebst, weil du einfach nur liebst, weil du dich selber so liebst. Diese neue Liebe wird sehr viel Freiheit beinhalten, noch viel mehr Tiefe, gleichzeitig Innigkeit, Offenheit, Selbstlosigkeit mit völliger Hingabe, weil jede Angst verschwunden sein wird, dass du den anderen verlieren könntest und dadurch die alte Sehnsucht wieder aufflammen könnte. Wenn du dich in deiner Seele erkannt hast als göttlicher Mensch, als die Liebe selbst, wird es diese Sehnsucht nicht mehr geben. Doch im Hintergrund wird immer ein Ziehen in deiner Seele sein. Doch ganz erwacht, wirst du wissen, das ist die Liebe zu deinem Schöpfer. Irgendwann, in Zeit nicht auszudrücken und eigentlich nicht wert, darüber nachzudenken, doch nur zu deiner Beruhigung, wird es soweit sein. Du wirst ganz eins sein mit der Quelle. Auch ich trage diese Sehnsucht in mir und jedes Engelwesen auch. Doch wir wissen, woher die Sehnsucht rührt. Wir, wir stillen diese Sehnsucht, indem wir dienen, liebend dienen, jedem anderen Licht, jedem anderen Planeten, jeder Lebensform zur Seite stehen. Dadurch nähern wir uns immer mehr der göttlichen Quelle an. Jetzt, gerade in diesem Moment, erinnert mich das Fühlen meines Mediums an etwas, was ich kenne. Es ist eine tiefe, freundschaftliche Liebe, sehr nahe. Ich habe diese Art der Liebe auch erst zu Zeiten kennengelernt, als ich dienend als aufgestiegener Meister mich euch zugewandt habe. Denn das menschliche Fühlen ist noch einmal etwas ganz Besonderes und ganz anderes, als es auf vielen anderen Planeten der Fall ist. Denn ihr tragt männlich und weiblich in euch. Ihr tragt es in eurem emotionalen Körper, nicht nur als spirituelle Energie, sondern als Energie, die euch oft in diese Achterbahnfahrt, von der ich letztens gesprochen habe, versetzt. Lass mich dir sagen, es gibt nichts Aufregenderes, und das ist natürlich ein Spaß: Ich sage es nur zu dir, niemand anders kann es hören. Es gibt wenig spannendere und aufregendere Geschöpfe als die Menschen. Deshalb bin ich so interessiert und studiere besonders euer Fühlen in der neuen Zeit.

Zum Abschluss möchte Laotse dir noch sagen, und natürlich hört das ganze Universum mit: Du, ihr, seid die Krone der Schöpfung. Ihr seid das Beste, was die Erde trägt. Fühle dich unermesslich geliebt.

Dein Freund Laotse

Laotses Live-Ticker – Botschaft Nr. 5

Zu aktuellen Geschehnissen auf der Erde (2014)
Fußball und die Venus • Israel • Krieg
Zerfall der Strukturen
Manifestation der neuen Erde • Vertrauen

Meine lieben Freunde des Lichtes und der Liebe. Mein lieber Freund, meine liebe Freundin. So bin ich, Laotse, wieder so nahe bei dir. Und wie sehr habe ich mich darauf gefreut. So werden die Botschaften wieder zu dir fließen, die bedeutsam sind für diese Zeit, jetzt und weit darüber hinaus.

Ich möchte aus aktuellem Anlass mit euch, mit dir über die Geschehnisse auf eurem Planeten sprechen. Die Dinge, die gerade geschehen, sind von großer Bedeutung. Und sie sind von umso größerer Bedeutung, je mehr Menschen es betrifft. Das ist eine Binsenweisheit und dennoch, blicke dich um. Was geht dieser Tage vor sich? Ich, Laotse, bin ein Freund, ihr würdet sagen, „Fan" des Spieles Fußball, ich kann das über eine Spiegelung betrachten und mich daran erfreuen. Es gibt so viele verschiedene spirituelle Meinungen. Manche sagen, das diene nur der Ablenkung. Doch ich sage dir, so ist es nicht. Zum einen ist es ein Spiel, das auf eurem Planeten einzigartig ist und auch im ganzen Universum. Es ist ein Spiel, das längst in die Bereiche der geistigen Welt Einzug gehalten hat. So halte ich, Laotse, mich immer wieder auf der Venus auf. Die Venus ist ein wundervoller Ort. Es ist ein Hologramm, wo sich viele Wesen des Universums treffen. Dort können sie sich mit einem „Kleid", wie wir es nennen, einer Art Körper bekleiden. Auf der Venus gibt es unbegrenzte Möglichkeiten. So gibt es dort auch sehr viele Spiele, die gespielt werden. Bewohner von verschiedenen Planeten bringen alle ihre Spiele mit. Ich, Laotse, beobachte, wie du weißt, mit Leidenschaft und großer Freude das menschliche Zeitgeschehen. Dazu habe ich mir bereits vor einiger Zeit ein Hologramm auf der Venus einrichten lassen. In diesem Hologramm können Besucher Fußball spielen. So wie du ein Kleid anziehst, ziehen sie sich Körper an, und sie spielen mit großer Begeisterung dieses Spiel. Es wird eine Zeit kommen, in der viele Erdenbewohner auf der Venus dieses Spiel mit vielen anderen Bewohnern anderer Planeten spielen werden. Ihr wiederum werdet deren Spiele spielen. Es wird ein reger Austausch entstehen. Auch ich, Laotse, spiele diesen Fußball so gerne. Es ist ein wunderbares Spiel. Zu gewissen Zeiten blicken sehr viele Menschen auf eurem Planeten gespannt dorthin, wo Fußball gespielt wird. Diese Ereignisse betreffen einen Großteil des Kollektivs der Menschen. Deswegen ist es auch ein bewegendes und wichtiges Ereignis. Es wird dadurch viel Energie in Bewegung versetzt. Wenn du hinter die Kulissen blickst, wenn du deinen Blick frei machst und mit dem Herzen schaust, dann wirst du auch spüren können, dass es eine positive Bedeutung hat, in der jetzigen Zeit ganz besonders. So spielen Länder und Nationen miteinander und je nachdem, ob ein Spiel verloren geht oder gewonnen wird, bewegen sich und fließen die Energien nicht nur auf dem ganzen Planeten, sondern auch in den Seelen der Menschen. Gerade jetzt fließt in das Zentrum von Europa, und zwar in den deutschsprachigen Raum viel von der Energie, die ihr als positiv bewerten würdet, als siegreich. *(Anmerkung: die WM 2014)* Auf der anderen Seite ist das Land Brasilien in einer tiefen Enttäuschung und Traurigkeit, und das würdet ihr wohl als weniger positiv bewerten. Doch ich, Laotse, sage euch, all das wird gebraucht.

An anderer Stelle auf dem Planeten wird gekämpft. Auch das scheint keine positive Energie zu sein. Doch Laotse sagt dir, auch das gehört dazu in dieser Zeit. Du willst die neue Erde, die neue Zeit? Dann muss die alte Welt zerbrechen. Dafür braucht es viele verschiedene Energien und Ereignisse. Für manche Orte und für manche Völker ist es wichtig, gerade für das deutsche Volk, stolz auf ihr Land und damit auch auf sich selbst stolz sein zu können. Für andere Länder, wie z. B. Brasilien, ist es an der Zeit, etwas loszulassen und sich auf diese Art auch in ein neues Selbstverständnis zu begeben. Viele emotionale Muster und Spannungen werden dadurch ausvibriert. Ein anderes Land, und ich wähle jetzt ganz bewusst einmal Israel, ist derzeit in Kämpfe verwickelt, und doch ist Israel ein so wichtiger Punkt auf Erden. Dort, wo sich die größte Lichtenergie bildet, gerade dort entstehen die größten Kämpfe. Denn es gibt immer auch eine Gegenbewegung. Und sie zeigt immer mehr ihr ganzes Gesicht und bäumt sich auf.

Auch darüber möchte Laotse einige Worte verlieren, dass das deutsche Volk und das Volk der Juden eine sehr enge Beziehung miteinander hat. Sie sind Brüdervölker und deshalb auch geschichtlich in den Ereignissen so tief miteinander verwoben. Und auch all das hat eine Bedeutung. Dort, wo der Kampf und wo vielleicht einmal Hass am stärksten war, wird die größte Liebe entstehen. Diese Liebe wird den Planeten in die neue Zeit führen. So braucht es derzeit in eurem Land, in den deutschsprachigen Ländern die siegreiche Energie und auch die Energie des Mutes. Auf der anderen Seite aber auch für das Zerfallen von Strukturen, um dann das Neue zu errichten, in Israel die Energie des Kampfes. Beide Länder sind eine Energie, eine Liebe, wie Yin und Yang. Natürlich gibt es solche Verbindungen von Regionen und Ländern, von Bereichen auf dem Planeten zwischen vielen verschiedenen Ländern. Und glaubt mir, das, was im Einzelnen über die Zeiten und im Jetzt die Menschen daraus machen, wie es sich zeigt, ob es schön oder unschön, ob es Leid oder Freude bereitet, ist nur eine Bewertung. Die Energien spielen zusammen und letztendlich folgen alle Energien dem göttlichen Plan.

Auch die Gegenbewegung zum Licht ist längst eingebunden, auch wenn sie sich noch einmal besonders deutlich zeigt, soll das das Zeichen für dich sein, dass der Frieden und die Liebe auf dem Planeten Einzug halten. Für deinen Verstand mag sich das widersprechen. Doch betrachte die Dinge mit dem Herzen. Habe Mitgefühl mit allen Menschen, die Leid dabei empfinden. Fühle mit den

Verlierern und feiere mit den Gewinnern. Ich, Laotse, ich sehe den Fluss der Energie und doch werde ich euch keine Vorhersage machen. Doch du kannst dir sicher sein, so wie es sich zeigt, ist es richtig und gut.

Ihr habt in Laotses Live-Ticker verschiedene Fragen gestellt:

- *wie es sein wird, ob die Wirtschaft in sich zusammenbricht,*
- *ob es ein neues Währungssystem geben wird,*
- *dass ihr euch Fülle auch auf der finanziellen Ebene wünscht und wie ihr das erreichen könnt.*

Laotse sagt euch, es ist die Zeit des tiefen Vertrauens. Denn was bleibt, wenn jede Sicherheit wegbricht? Es gibt nur eine Sicherheit in dir, dein Vertrauen in das göttliche Licht in dir und in jedem einzelnen Menschen in das göttliche Licht, das sich auf dem Planeten jetzt so unendlich ausdehnt und manifestiert. Versuche dir die Dinge nicht zu erklären, versuche sie zu erfühlen. Du brauchst keine Angst zu haben. Angst entsteht immer dann, wenn Ungewissheit vor dir liegt. Aber darüber haben wir schon in einer vorherigen Botschaft gesprochen. Doch wo Vertrauen ist, gibt es keine Angst. Wenn sich dir Angst und Unsicherheit zeigen, setze immer wieder die Energie des Vertrauens dagegen und nähre das Vertrauen damit. Beobachte mit einem warmen Herzen und mit einem weisen Blick die Geschehnisse. Lasse dich nicht irritieren und versuche immer mehr, hinter die Kulissen zu blicken. Denn oftmals sind es selbst jene Dinge, die ihr im Visier habt, die euch als negativ, böse oder wenig lichtvoll erscheinen, die auch Energien enthalten, die es im Gesamten braucht, um das Neue zu erschaffen, indem sie helfen, das Alte zu zerstören. Es entsteht die neue Welt. Es entsteht die neue Welt, erschaffe du sie mit und lege den Grundstein dafür im Vertrauen.

Vielleicht ist das eine der ungewöhnlichsten Botschaften, die du je von den geistigen Welten gehört hast, und doch sage ich, Laotse, dir zum Abschluss ganz ungewöhnlich und doch viel gewöhnlicher und selbstverständlicher als es scheint: Ich wünsche dir viel Freude, wenn du Fußball liebst. Ich wünsche dir viel Freude bei allem, was dir und den Menschen Spaß macht und was du liebst. Ich wünsche dir Vertrauen und Neutralität all jenem gegenüber, was Mitgefühl in deinem Herzen erzeugt. Lass dich nicht vom lichten Weg abbringen. Das Dunkle, es leuchtet nicht und dennoch ist es da. Doch das Licht, das leuchtet. Du bist das Licht. Liebe auch das Dunkle. Und wenn du es nicht lieben kannst, versuche neutral ihm gegenüber zu sein. Es wird vergehen.

Laotse war es eine Ehre. Ich verneige mich vor euch Engeln auf Erden. Was für eine ereignisreiche und spannende Zeit. Ich bin bei euch.

Laotses Live-Ticker – Botschaft Nr. 6

Körper • Gesundheit • Allergien Selbstheilung • Sterben, Tod

Meine lieben Engel auf Erden, meine liebe Freundin, mein lieber Freund, ganz herzlich und voller Liebe begrüße ich, Laotse, dich zur Botschaft Nr. 6. Ich betone das diesmal ganz besonders, steht doch die Zahl 6 für die Körperlichkeit und das Irdische und auch für die Manifestation. Das soll heute unser Thema sein.

Vielleicht glaubst du, dass ich, Laotse, eure Fragen lesen kann, die ihr stellt? Es stimmt, doch auf eine andere Art, als ihr das tut. Ich kann, und ich sage leider, denn es würde bestimmt Spaß machen, leider nicht die Schrift, mit der ihr eure Fragen hinterlasst, in Buchstaben und Worten lesen. Ich bewege mich in der Energie von Ashtar auf dem großen Mutterschiff und doch, und ich sage das spaßeshalber in Richtung Ashtar, reicht die Technik nicht aus, um uns mit eurem Internet zu verbinden, eine Seite aufzuschlagen und dort zu lesen. Doch wir haben eine ganz andere Technik. Ich blicke auf die Energie eurer Seele und eurer Fragen und ich erkenne die Schwerpunkte der Energie ganz deutlich.

Es soll dieses Mal wieder um die Körperlichkeit gehen, so wie bei Botschaft 1. Es ist etwas, was euch ganz besonders beschäftigt. Woher kommt das? Es kommt ganz gewiss daher, dass ihr euch sehr mit eurem physischen Körper identifiziert. Ich sage euch, ihr seid Engel in Menschengestalt, und doch ist das kollektive Bewusstsein der Meinung, dass ihr nur Menschen wärt. Dann gibt es doch so etwas wie eine Ahnung in nahezu jedem Menschen, dass er ein Mensch ist, der auch etwas Engelhaftes in sich trägt. Und doch, ein Engel ganz und gar in einer menschlichen Hülle, kaum vorstellbar für euch. Für diejenigen unter euch, die wissen, dass dem so ist, möchte ich sagen, dass es vielleicht auch dir hier und da an der felsenfesten, tiefen, unerschütterlichen Überzeugung fehlt, dass das tatsächlich so ist. Du kannst es also auch nicht in jedem Moment voll und ganz spüren, weil die Realität, die Dualität, so wirklich erscheint und dein Körper ebenso. Gerade dann, wenn er dich schmerzt, wenn du ihn spürst und die Erdenschwere wahrnimmst, manches Mal auch die Enge und wie der Körper dich begrenzt, fällt es dir schwer, zu jedem Zeitpunkt zu spüren, dass du ein unbegrenztes Wesen bist, nur bestehend aus Licht und etwas, Spaß beiseite, sehr viel, sehr viel Liebe. Letztendlich ist dieser Körper, so wie du ihn kennst, eine Illusion. Er ist wie ein Gefährt, das dich in der Illusion trägt. Nur so kannst du diese Illusion der Welt des Menschseins erleben. Deshalb ist dein physischer Körper etwas sehr Wichtiges und letztendlich doch eine Illusion. Somit ist auch alles, was du über ihn wahrnimmst, eine Illusion, vor allem Schmerz. Wie oft hast du das schon gefühlt? Es verhält sich ebenso mit dem Schmerz, den du in deiner Seele spürst, der ja letztendlich auch zum Schmerz in deinem Körper führt. Doch auch wenn ein Schmerz noch so groß ist, er ist irgendwann vorbei und es ist, als wäre er nie dagewesen. Er hinterlässt keine, sagen wir, kaum Spuren. Selbst die Erinnerung verblasst recht schnell. Resonanzmuster bleiben in der Seele und in den Zellen zwar zurück, doch das wäre ein ganz eigenes Thema.

Wenn ein Mensch die Ebenen wechselt und seinen Körper zurücklässt, fällt diese Illusion der Körperlichkeit sehr schnell von der Seele ab und sie erkennt, dass dort in Wahrheit, in Wirklichkeit, nur Freiheit und Leichtigkeit existiert. Doch immer noch bist du, mein lieber Engel auf Erden, an deinen Körper angebunden und das mit gutem Grund. Auch wenn du manches Mal aus deiner Haut fahren möchtest, gelingt es dir nicht einfach. Daran erkennst du, dass auch du dich, egal wie weit du dich spirituell entwickelt hast, immer noch mit deinem Körper identifizierst. Auch das hat seine Berechtigung. Das ist ein großer Prozess, der in sich eine Vollkommenheit beinhaltet, auch wenn er aus menschlicher, aus deiner

Sicht, hier und da nicht so angenehm ist. Doch, und Laotse möchte diese alte Metapher gerne noch einmal verwenden: Du verwandelst dich, du durchläufst eine Metamorphose, so wie ein Schmetterling, der sich aus dem Kokon und der Raupe in etwas scheinbar völlig Neues verwandelt. Doch in Wahrheit, in Wirklichkeit, entwickelt er sich. Er bringt das zum Vorschein, was er wirklich ist. Vielleicht magst du dich fragen, hat auch dieser besagte Schmetterling Schmerzen? Und ich sage dir: nein. Während seiner Metamorphose fühlt er keinen Schmerz. Für ein Wesen dieser Art gibt es keine Bewertung, keine mentalen Strukturen, die das, was vor sich geht, als schmerzhaft bezeichnen könnten, und somit gibt es auch keinen Schmerz. Es ist, wie es ist, und es zeigt sich, wie es sich zeigt.

Was möchte Laotse dir damit sagen? Wenn ich in das Tierreich blicke.., vielleicht kannst du das, wenn du mit deinem Herzen hörst, erfassen: Wenn der Mensch nicht wäre, würde kein Tier Schmerz empfinden. Doch das menschliche Bewusstsein, das Schmerz trägt und kultiviert und in dessen kollektivem Feld sich zum Teil auch Tiere bewegen, projiziert den Schmerz auf das Tier. Wäre der Mensch nicht und es würde sich ein Tier in freier Wildbahn verletzen, würde es das so hinnehmen. Es würde keinen Schmerz empfinden, da Schmerz eine Illusion ist, die das menschliche Bewusstsein erschaffen hat. Doch wenn viele Tiere aus eurer Sicht gequält werden und ihr diesen Schmerz erkennt, weil ihr sie von eurem menschlichen Bewusstsein aus betrachtet, entsteht ein kollektives Muster, das sich auch auf diese Tiere überträgt und sie empfinden Schmerz. So wird aus einer Illusion, aus Gedanken, eine Realität.

Meine Lieben, vieles an Leid und Schmerz könnte vergehen, würdet ihr nicht darauf bestehen und daran festhalten. Je mehr du den Fokus auf eine Krankheit, auf eine Verletzung, auf Leid und Schmerz legst, umso mehr manifestiert es sich. Doch auf der anderen Seite, je mehr du um Gesundheit bemüht bist, versuchst, dich gut zu ernähren, alles, was das menschliche Bewusstsein für gut, gesund und richtig hält, einzuhalten, geschieht meist das Gleiche, denn Gesundheit und Krankheit, Wohlgefühl und Schmerz, es ist immer die gleiche Energie. Du versuchst, indem du das eine erreichen möchtest, das andere zu vermeiden.

Viele Fragen habt ihr, was diese Thematik betrifft.

So fragt ihr oft: Lieber Laotse, wann wird es soweit sein, dass wir uns heilen können, dass wir Organe ersetzen können, sie sich auf natürliche Art nachbilden, dass wir uns sichtbar verjüngen und regenerieren können?

Dazu sage ich euch, es ist längst möglich. Doch letztendlich wird es für dich zur Realität werden, wenn du aufhörst, die Tage zu zählen, die Stunden, bis etwas zu dir kommt, bis du Heilung erfährst, bis der Schmerz und das Leid ein Ende hat, dann wird es sein. Überprüfe einmal für dich, wo du dich auf diesem Weg befindest. Wohin mag dieser Weg führen, wenn nicht zu dir selbst? Und zum vollkommenen Bewusstsein, dass du Licht und Liebe bist, frei, unendlich, ungebunden und dieser Körper nur eine Illusion.

Für was ist dieser Körper dann gut in dieser Zeit?

Du magst vielleicht glauben, würdest du deinen Körper einfach abstreifen, dann wäre es egal, es würde auf dasselbe hinauslaufen. Aber ich sage dir, du trägst die Aufgabe, diese tiefe Erkenntnis zu vollziehen. Irgendwann wird dein Körper aufhören, eine Illusion zu sein. Gleichzeitig wird jeder Schmerz, jedes Zwicken und Jucken aufhören. Es wird dann sein, wenn du diese Illusion voll und ganz in der Tiefe deines Herzens durchleuchtest und durchschaust. Du könntest jeden Umstand, der scheinbar von außerhalb dazu beiträgt, wie vielleicht Blüten und Pollen oder sonstige Einflüsse oder jeden anderen dieser Botschafter und Verkünder, die aus deinem Inneren entspringen, ein Schmerz deiner Seele aus lange vergangenen Zeiten, begrüßen. Du könntest jeden dieser Botschafter herzlich willkommen heißen, dich tief vor ihm verbeugen, wissend, er führt dich zu dir selbst. Er führt dich dorthin, wo die Illusion ein Ende hat, und er tut das, indem er dir die Illusion vor Augen hält. Das ist es, wenn wir, die Meister und Engel, oftmals meinen, egal wie es aussieht, hinter allem steht nur die Liebe – die Liebe dieser Botschafter und Verkünder, dieser Wegweiser, die letztendlich wieder du selbst, deine Seele, arrangiert. Ist es nicht wunderbar? Ist es nicht vollkommen?

Wenn du also deine Gedanken zu beobachten beginnst, auch die Überzeugungen, die du hast zu Gesundheit und Krankheit, zu deinem Körper, wirst du feststellen, dass es eine Struktur gibt, in die du eingebunden bist. Ich nenne das das kollektive Bewusstsein. Dann versuche, diese Struktur zu erkennen, und wisse, auch sie beinhaltet Liebe. Auch sie zeigt dir deine Grenzen. Wie sollst du eine Grenze überwinden, wenn du sie nicht erkennst? Verneige dich vor jedem schlafenden Menschen, vor jeder noch so unsinnigen Botschaft über Krankheit, Tod und Leid, wie sie dir vielleicht aus dem Fernsehen entgegenschlägt oder aus Schriften. Benutze all das als Hilfsmittel, begrüße es, verabschiede es und sende ihnen ein großes Dankeschön hinterher. Sei im Fluss der Energie, wenn es heute schmerzt, mache dir keine Gedanken. Denke nicht zu viel über das nach, was eigentlich nicht wirklich ist. Lasse die Illusion einfach ausklingen und sei dir gewiss, jede dieser Fragen, die dein Verstand formuliert, wirst du selbst mit Ja beantworten:

Ja, es wird die Zeit kommen, wo Organe, die entfernt wurden, sich entweder wieder nachbilden oder nicht mehr benötigt werden. Doch das wird bei jedem sehr unterschiedlich sein. Alles ist – und höre – alles ist eine Frage des Bewusstseins, keine Frage des Wissens, keine Frage der Zeit, sondern eine Frage des Bewusstseins. Bewusstsein bedeutet, dass du dir deiner wahren Natur bewusst bist. Diese wahre Natur ist Licht und Liebe, nichts anderes.

Mein lieber Freund, meine liebe Freundin, ich möchte dir noch Folgendes gegen Ende dieser Botschaft in dein Herz legen und es passt sehr gut zum Ende der Botschaft, weil es auch mit dem Ende von etwas zu tun hat, oftmals als Tod gefürchtet und gerufen: Ich sage dir, einen Tod hat es nie gegeben. Auch das ist vielleicht die größte eurer menschlichen Illusionen und sie beinhaltet so viel Trostlosigkeit und Endgültigkeit, die es gar nicht gibt. Es gibt nur die unendliche Vollkommenheit und du bist ein Teil davon. Wie könnte etwas so Wunderbares wie dein Leben enden, einfach so enden? Dein Leben geht weiter, auch wenn ein Zyklus zu Ende geht, auch wenn ein Körper verlassen wird und die Seele weiterzieht.

Lieber Laotse wann wird das sein, dass alle Menschen erkennen, dass es den Tod nicht gibt, nur ein Sterben?

Ich sage dir, wenn eine gewisse Anzahl von Menschen sich ihrer selbst, ihrer Natur, ganz bewusst ist, wird sich das schlagartig auf dem Planeten verändern, und dann, dann werden die ersten beginnen, bewusst ihre Wahl zu treffen, wann sie einen Körper annehmen möchten und wann sie einen Körper abstreifen möchten. Wenn eine gewisse Anzahl dies für wirklich erachtet und lebt, wird es recht schnell gehen und alle Menschen werden in dieses Bewusstsein gehoben werden.

Lieber Laotse, wann wird es endlich soweit sein?

Mein lieber Freund, das kann ich dir nicht sagen, das kann aus der Sicht eines schlafenden und niedrigen Bewusstseins lange, lange dauern und aus der Sicht eines erwachten Menschen, der sich selbst erkennt, nur Augenblicke. Geh mit dem Fluss der Energie, gib der Zeit keine Macht. Frage nicht wann, sondern wisse, du wirst es sein, der den Zeitpunkt bestimmt. Du für dich, jeder für sich und letztendlich das menschliche Kollektiv für sich. Das kollektive Bewusstsein, die vielen, vielen Menschen, die noch schlafen, werden immer etwas, sagen wir, in der Entwicklung hinterher sein, weil es immer welche gibt, die vorausgehen. Mein Aufruf an dich, grenze dich ab von diesem kollektiven Bewusstsein. Und wie? Indem du es erkennst, indem du es begrüßt, indem du es weiterziehen lässt und ihm An'Anasha sendest, indem du Danke sagst und dann wieder zu dir zurückkehrst, indem du Frieden fühlst mit der Welt, wie sie ist.

Du brauchst gegen nichts zu kämpfen. Kampf erzeugt Kampf. Frieden erzeugt Frieden. Gleichmut erzeugt Gleichmut. Achtsamkeit erzeugt Achtsamkeit und Liebe lädt die Liebe ein. Wenn du merkst, dass das kollektive Bewusstsein – zum Beispiel aus dem Bildschirm – dir entgegenspringt, dir Botschaften überbringt über Tod, Leid und Verderb und du merkst, dass du dir noch nicht so ganz sicher bist, was nun dein Leben bestimmen soll, was nun wahr ist, dann schalte ab, sieh es dir nicht an. Später, irgendwann kannst du wieder einschalten. Dann wirst du darüber lächeln, es begrüßen, ihm Danke sagen, es verabschieden. So wird es sein und so ist es, weil es immer so war, eine Gesetzmäßigkeit der Wirklichkeit, die auch innerhalb der Illusion wirkt. Versuche es, sei im Reinen mit deinem Weg, mit dem Weg deiner Seele, vielleicht auch mit deinem Wachstumsschmerz, auch wenn es nicht immer angenehm ist.

Ich, Laotse, ich sende dir Zuversicht, Weisheit, Geduld und Achtsamkeit dir selbst gegenüber, und ich bin so dankbar, dass du diese Botschaft in dich aufnimmst und vielleicht verbreitest und hilfst, die Menschen zu berühren, ihr Bewusstsein zu erheben, denn dafür bin ich da. Ich liebe dich. Bis zum nächsten Mal.

Dein Laotse

Laotses Live-Ticker – Botschaft Nr. 7

Wie wird es sein nach dem Aufstieg? Die Veränderungen und die Tiere: Fressen Tiere weiterhin Fleisch – Vegetarische Ernährung? Wie stehen Leben und Bewusstsein miteinander in Beziehung?

Meine liebe Freundin, mein lieber Freund. Ich, ich bin Laotse. Du kannst mich „den alten Meister" nennen oder auch einfach „einen alten Freund". Warum betone ich immer wieder, dass zwischen dir und mir eine tiefe Seelenfreundschaft besteht? Weil es so ist. Die Wirklichkeit, die sich hinter deinem Vergessen, wer du wirklich bist, woher du wirklich kommst, verbirgt, hält so vieles für dich bereit. Vieles möchte entdeckt werden. Vieles möchte erobert werden. Doch in diesem Fall bin ich, Laotse, derjenige, der etwas erobern möchte, nämlich dein Herz, deine Erinnerung.

So spüre einfach. Du brauchst es nicht einfach nur zu glauben. Doch ziehe es wenigstens in Erwägung. Immer bin ich ausgerichtet und möchte dir eine Freude machen. Weißt du, dass ich in der Lage bin, viele Energien zu bündeln und in tiefer Verbindung mit deiner Seele Wünsche wahr werden zu lassen für dich?

So gehe einmal an diesem wunderschönen Tag, an dem ich aus der Jetzt-Gegenwart zu dir spreche, an dem du jetzt diese Botschaft vernimmst, tief in dich hinein und horche. Was wäre derjenige Wunsch, den du äußern würdest, hättest du einen frei?

Doch lasse die Antwort nicht aus deinem Kopf kommen, sondern aus der Tiefe deiner Seele. Nun, was ist es? Sende es mir. Ich nehme es als eine Energie entgegen. Ich verstärke es hier und dort und verbinde es mit deiner Seelenenergie und übergebe es dem Feld der Gnade, auf dass sich deine Wünsche erfüllen. Gerade jetzt ist eine nicht immer einfache Zeit und viele haben das Gefühl, dass sich ihre dringlichsten Wünsche, die sie in der Seele tragen, nicht so recht verwirklichen wollen. Gerade wenn du vielleicht Frieden für alle Menschen und für dich in deiner Seele als Bedürfnis trägst, als größten Wunsch, oder vielleicht auch finanzielle, materielle Sicherheit, und es sich im Außen doch ganz anderes zeigt, obwohl du diesen Wunsch mit vielen Menschen gemeinsam trägst. Was, wenn ich, Laotse, dir sage, dass es nicht anders geht? Um dir deinen Wunsch nach Frieden auf Erden zu erfüllen, ist etwas im Gange. Es geschieht etwas, auch wenn es nicht danach aussieht, zunächst noch. Doch sorge dich nicht. Ich, Laotse, ich verspreche dir, jeder deiner wahrhaften Wünsche wird sich erfüllen. Ich bitte dich um etwas Weisheit, um etwas Geduld. Du bist angebunden. Übergib mir deine Sorgen, deine Probleme, aber auch deine Wünsche. Ich werde alles für dich tun, wie eben ein guter Freund das tut.

Die Bewegungen der Seele sind Bewegungen, die wichtig sind. Achte auf diese Bewegungen. Folge diesen Bewegungen, denn sie bringen dich immer dorthin, wohin du dich wünschst.

Viele von euch fragen: Lieber Laotse, wie wird es sein nach dem Aufstieg? Wird sich dies verändern oder das? Wird es so oder so sein?

Zunächst einmal sollten wir klären, was es bedeutet: Aufstieg? Davor oder danach? Es ist wohl wahr, dass es, wie in jeder Entwicklung, einen Höhepunkt gibt. Von diesem Höhepunkt aus entsteht etwas Neues. Dieses Neue drängt dann mit jener Energie, die nach dem Höhepunkt schiebt, wie eine Welle nach Verwirklichung. Das geht für gewöhnlich sehr schnell, und so wird es auch sein. Worauf ihr oftmals noch wartet, ist dieser Höhepunkt. Es ist dieser Schub an Energie, der von hinten deine Segel bläht wie der Wind, der dich heimwärts trägt. Und so wird es sein. Doch wohin soll dieser Wind dich tragen? Wo fühlst du dich zu Hause? Wo bist du daheim? Was stellst du dir vor? Kann es sein, dass deine Vorstellungen manches Mal auch etwas sehr menschlich noch sind? Hast du die Gedanken, wie du es dir wünschst, wie es sein soll in der neuen Welt, schon einmal zu Ende gedacht? Manches Mal musst du zugeben, merkst du es selbst, dass sich mit dem Leben, das sich verändert, auch das Bewusstsein verändert, dass du das, was du heute vielleicht für besonders wichtig erachtest, morgen ganz anders siehst oder wesentlich neutraler. Mit dem sich entwickelnden Bewusstsein verändert sich natürlich auch das Leben. Es ist ein Geben, ein Nehmen und ein Wiedergeben. Bewusstsein und Leben sind nicht nicht voneinander zu trennen. Aus Bewusstsein entspringt Leben. Das Leben generiert Bewusstsein. Es ist ein Fluss, eine niemals endende Harmonie, erschaffen von der Quelle des Lichts. Ich, Laotse, ich blicke bis tief in die Ebenen hinein und lasse dir sagen, mit jedem Tag, der vergeht, verändert sich so viel. Auch du und auch deine Fragen verändern sich. Deshalb, wenn ich dir heute eine Antwort gebe auf eine Frage, könnte es nicht sein, dass diese Antwort morgen gar nicht mehr existiert, weil sich diese Frage gar nicht mehr stellt? Und doch gehören Fragen und Antworten zu diesem Prozess dazu. Sonst würdest du dich in deinem Bewusstsein gar nicht erfahren und nicht erkennen.

Lieber Laotse, werden wohl Fleisch fressende Tiere nach dem Aufstieg zu Vegetariern?

Ich, Laotse, sage dir dazu: Vielleicht ja, vielleicht auch nicht. Warum? Nun, es wird einige Arten geben, die sich auf diese Art anpassen werden, doch wird es andere Arten geben, die sich nicht anpassen. Vielleicht sollte ich sagen: Für die, die es nicht vorgesehen ist, sich anzupassen, was werden diese Tiere dann tun? Sie werden nach Hause zurückkehren. Sie werden auf Erden Abschied nehmen. Was wäre dir lieber, dass diese Tiere nach Hause gehen oder dass sie weiterhin Fleisch fressen? Glaube mir, diese Thematik ist wesentlich weniger relevant als man glauben möchte. Es ist für viele Arten von

Tieren aus vielen anderen Gründen an der Zeit, sich zu verabschieden von diesem Planeten. Vielleicht werden sie nicht mehr gebraucht, haben ihren Auftrag erfüllt. Wenn Veränderung im Gange ist, wenn sich auch die Nahrungskette verändert, kannst du dir vorstellen, dass es gewisse Arten vielleicht nicht mehr braucht oder ihnen auch der Lebensraum genommen wird. Doch das geschieht nicht zufällig. Auch das gehört zum göttlichen Plan hinzu. Es ist für alles gesorgt. Die Einzigen, die sich Sorgen machen, sind besorgte Menschen. Doch brauchst du dich um nichts zu sorgen. Jedes Bewusstsein ist Licht und Liebe, niemals allein gelassen. Jedes einzelne Lebewesen wird mitgenommen in den neuen Plan hinein, ob auf Erden oder anderen Bereichen, ist dabei nicht ausschlaggebend.

Auch interessant ist die Sorge, ob es richtig ist, das Leben eines Tieres vorzeitig zu beenden?

Ich sage dir dazu Folgendes: Wenn es aus der Liebe heraus geschieht, ist es gut. Im Eigentlichen wäre das selbst bei euch Menschen so. Doch habt ihr oftmals eine viel reinere und unverfälschtere Liebe für eure tierischen Begleiter als für andere Menschen. Im Menschlichen wird es etwas komplizierter. Da sind vielleicht viele verschiedene Erwartungen, die an Beziehungen geknüpft werden. Vielleicht möchte man etwas haben. Vielleicht oder zu leicht wäre es möglich, dass das, was man spürt und warum man einem Menschen dazu verhelfen möchte zu entschlafen, nicht die reine Liebe ist, sondern etwas anderes dahinter steht. So ist es wohl auch richtig und gut, dass ihr euch im Kollektiv darauf geeinigt habt, Menschen nicht einzuschläfern. Doch aus unserer Sicht ist es kein Verbrechen, weder beim Tier noch beim Menschen, wenn es aus der Liebe heraus entsteht, aus dem Mitgefühl. Es wäre nichts, was einen Schatten hinterlassen würde, kein Unrecht. So kannst du es halten, gerade bei Tieren, wie du es möchtest. Lasse dein Herz sprechen. Wenn du das Gefühl hast, dass du dem Tier damit deine Liebe angedeihen lässt oder vielleicht indem du es sein Leben selbst abschließen lässt, dann tue es so, wie es dein Herz dir sagt.

Meine Lieben, wenn nichts vorgeschrieben ist aus den Bereichen der Wirklichkeit und ihr euch bewegt in die Bereiche der Wirklichkeit, warum solltet ihr euch dann irgendwohin bewegen, wo etwas vorgeschrieben ist? *Ihr* erschafft die neue Welt. Wenn du es für richtig hältst, zu diesem Zeitpunkt auf tierische Nahrung zu verzichten, ist das sicher ein Schritt in eine mögliche Zukunft. Die Entscheidung darüber sollte nicht aus irgendeinem, vielleicht auch spirituell orientiertem Zwang heraus getroffen werden, sondern aus deinem Herzen.

Wann wird es soweit sein, lieber Laotse?

Vielleicht schon bald. Vielleicht wird es auf eurem Planeten noch einige Jahre dauern, vielleicht sogar Jahrzehnte, bis der letzte Mensch, vielleicht auch das letzte Tier kein Fleisch mehr isst. Es ist alles eine Frage des Bewusstseins, wie es sich zeigt. Es ist auch eine Frage des Bewusstseins, wie du es siehst und vor allem wie du es bewertest und was du davon hältst. Gerade jetzt zu dieser Zeit stellst du dir oft noch die Frage: Ist es richtig, wie ich es tue, was ich tue? Mein lieber Freund, meine liebe Freundin, du bist das Bewusstsein des Lichts und der Liebe. Du definierst, was richtig ist oder falsch für dich. Immer mehr Menschen verstoffwechseln das Licht, das auf Erden einströmt, direkt in ihren Zellen, und je mehr sie das tun, umso mehr spüren sie, dass jene Nahrung, die diesem Licht am nächsten ist, für sie bekömmlicher ist, und das ist in aller Regel und zuvorderst Pflanzennahrung und zu allerletzt Fleisch. Doch ich wiederhole es noch einmal, es ist nicht so, dass du es spürst, dass dein Körper, deine Seele dir zeigt, dass es unrecht ist, diese dichtere Nahrung in dich aufzunehmen, sondern was du wahrnimmst, ist, dass sich deine Zellen das suchen, was für sie am leichtesten umzuwandeln und zu verarbeiten ist. Je mehr Lichtenergie deine Zellen aufnehmen, sogenannte Lichtnahrung, umso einfacher verwertbar ist die ursprünglichste Nahrung, die diese Lichtphotonen noch am stärksten in sich trägt und meistens grün ist. Verstehst du, was Laotse dir sagen möchte?

Wenn du mich als einen guten Freund ansiehst, dann erlaube mir jetzt, mich neben dich zu setzen, dir meine Hand auf deinen Schenkel zu legen und dir zu sagen: Folge immer deinem Herzen, überprüfe, ob es dein Herz ist, das dir etwas sagt, und dann entspanne dich. Lasse Gelassenheit einkehren, gehe in Frieden mit den Dingen. Die Welt ist, wie sie ist. Du brauchst nicht dagegen zu kämpfen. Stattdessen siehe das, was du für gut befindest, immer mehr entstehen. Es gibt viele Menschen zu dieser Zeit, die dafür auserwählt sind, die alten Strukturen und Grenzen einzureißen, oftmals mit roher Gewalt, mit Macht, mit Kraft. Auch diese Kräfte werden gebraucht. Doch du hörst meine Stimme. Du liest meine Worte. Meine Botschaft sagt dir, für dich ist Frieden bestimmt. Voller Liebe, tiefer Freundschaft und Hingabe an diese Durchsagen, von denen ich mir wünsche, dass sie hinausgehen in die Welt. Dafür bin ich Feuer und Flamme.

Dein Freund Laotse

Laotses Live-Ticker – Botschaft Nr. 8

Existiert Gott? Wenn ja, warum lässt er so viel Leid zu?
Es gibt keinen Tod, nur Leben
Verunsicherung und Vertrauen
Afrika und Ebolavirus

Meine liebe Freundin, mein lieber Freund, ich bin Laotse. Wie immer voller Freude, begrüße ich dich. Ich begrüße dich heute mit den Worten „Gott zum Gruße". Das soll einen ganz bestimmten Grund haben, worüber ich heute mit dir, mit euch, sprechen möchte. So lasst uns philosophieren über Gott und die Welt. Dazu müssen wir vielleicht erst einmal definieren, was unter dem Begriff „Gott" verstanden wird und warum so viele verschiedene Religionen auf Erden alle ein klein wenig ein anderes Verständnis von Gott haben. Dazu möchte ich dir sagen: Gott ist alles. Gott bist somit auch du und jeder deiner Nächsten. Vielleicht lässt du es einmal ganz tief sacken, was diese Aussage bedeutet. Gott ist alles, in allem ist Gott und in jedem ist Gott. Wenn Gott alles ist, kann es nichts außerhalb davon geben. Und da der Begriff „Alles", genauso wie „Unendlichkeit", ein totaler Begriff ist, kannst du diese Begriffe miteinander gleichsetzen. Somit ist Gott alles. Gott ist unendlich. Gott ist nichts. Gott ist unermesslich. Wenn Gott alles ist und somit auch du Gott bist, treffen all diese Attribute auch auf dich zu. Alleine das sprengt deinen Verstand bei weitem. Vielleicht bist du ein gebildeter Mensch, jemand, der sich für aufgeklärt hält, die Welt zu sehen glaubt, wie sie ist, ganz realistisch. Doch an der Stelle möchte ich dir sagen: Höre auf die Worte von Laotse. Je mehr du das glaubst, umso weniger ist das der Fall. Was ist für dich „alles"? Was ist „unendlich"? Kannst du das fassen? Die meisten Menschen glauben, dass all diese Dinge, die sie mit ihrem Verstand nicht fassen können, vielleicht gar nicht existieren, dass es kein Alles und kein Nichts gibt, kein Unendlich, kein Unermesslich und somit auch keinen Gott. Doch wenn du auf diese Art Gott verleugnest, lieber Mensch, verleugnest du dich selbst. Dabei spielt es keine Rolle, ob du glaubst oder sicher bist, dass es so ist, wie du glaubst. Die Wirklichkeit hinter diesen Vorstellungen und Glaubenssätzen, wie die Welt aus Menschensicht ist, sie wirkt, sie wirkt in jedem Fall. Mensch, göttlicher Mensch, höre: Gott ist das, was ist. Die Welt ist das, was du darüber denkst. Die Welt ist, was du denkst.

So, nun fahren wir dort fort. Verleugnest du Begriffe wie Unendlichkeit, Alles und Nichts und somit Gott, verleugnest du auch etwas anderes, das nicht sichtbar, greifbar, beweisbar ist – die Liebe. Und doch werden die meisten Menschen auf diesem Planeten an die Liebe glauben. Sie haben sie nie gesehen. Immer siehst du nur die Auswirkungen. Die Liebe ist, du kannst sie fühlen, nicht messen, nicht sehen, nicht riechen oder schmecken. Du kannst sie nicht beweisen. Doch ich frage dich ganz direkt: Glaubst du, dass es Liebe gibt? Ich sage dir, Liebe ist alles. Liebe ist unendlich. Liebe ist niemals endend. Liebe ist unzerstörbar. Liebe ist unermesslich. Liebe ist Gott. Du bist Liebe. Darum sagen wir immer wieder: Lasse deinen Verstand, der alles erklären möchte, in den Hintergrund treten, auf dass du das erkennst, was tatsächlich da ist. Mit deinen Augen siehst du nur die Illusion. Du siehst wie in einem gigantischen Hologramm all das, was die Gedanken der vielen, vielen Millionen Menschen auf eine Leinwand projizieren und das ihr alle gemeinsam glaubt, dass es da ist. Wenn alle Menschen an die Liebe, an sich selbst, an Gott, an Alles und Nichts, an die Unendlichkeit genauso glauben würden, wäre euer Planet in einem einzigen Moment verwandelt in den Himmel, in das Paradies, in vollkommenes Glück, Liebe, Gesundheit. Es wäre so, wie es sein sollte. Es wäre so, wie es ursprünglich einmal war. Es wäre so, wie es wieder sein wird. Denn es gibt viele Menschen, die das spüren können, die ihrem Verstand immer mehr die Gefolgschaft verweigern und mit dem Herzen blicken. Wir nennen diese Menschen erwachte Menschen. Sie erschaffen ein neues Hologramm, einen neuen Lebensfilm für die gesamte Menschheit. Und jeder einzelne Mensch, der sich dem anschließt, trägt dazu bei, dass diese neue Welt erschaffen wird, je mehr Menschen, desto schneller. So kannst du dir auch vorstellen, dass es vielleicht Kräfte gibt auf diesem Planeten, die genau das verhindern möchten, weil sie dann die Macht über die Menschen verlieren, über jene Menschen, die sie mit allen Mitteln zu ängstigen versuchen. Denn die Angst, sie macht dein Herz eng und sie ruft deinen Verstand auf den Plan. Und dein Verstand dient wiederum dazu, diese alte Welt voller Leid und Krankheit, voller Unglück aufrechtzuerhalten. Deshalb rufe ich, Laotse, dich auf, blicke auf die lichten, liebevollen und schönen Dinge und erkläre sie für wahr. Denn du bist Gott in einem menschlichen Körper. Du hast die Macht, alles zu verändern.

Wenn nun jemand nicht an Gott glaubt, weil er einen Gott erwartet, der dir, euch allen, die eigene Göttlichkeit aberkennt, indem er sich einmischt in eure eigenen, letztendlich auch göttlichen Manifestationen, wie ihr eure Welt gestaltet, dem sage ich: Wäre das der Fall, wäret ihr nicht Gott. Lass auch das einmal tief in deinem Herzen sich ausbreiten. Denn in all dem steckt eine gewisse Logik, die vermutlich selbst dein Verstand nicht abstreiten kann. Somit ist es die Verantwortung jedes einzelnen Menschen, und damit auch deine, ja genau, deine Verantwortung als göttlicher Mensch, die Dinge zu verändern. Doch verändere sie nicht durch Kampf, sondern indem du beginnst, mit dem Herzen zu sehen, und dich nicht von deinen Ängsten beherrschen lässt, indem du mutig bist und die Liebe und diese lichtvollen Gedanken nach außen trägst und solche Gedanken denkst ohne Begrenzungen, wissend, alles ist möglich, du bist der Erbauer und niemand anderes.

Nun gibt es wohl in jenen Bereichen, die eure Augen nicht fassen können, so viele lichte Wesen. Diese lichten Wesen werden auch als Engel oder Meister bezeichnet, als höhere Lichtwesen. Doch was ist an ihnen höher? Du bist einer von ihnen, ein

Mensch, der auf der Bühne der Menschlichkeit seine Rolle spielt, eine Rolle, die er so einstudiert und verinnerlicht hat, dass er glaubt, diese Rolle zu sein. Doch das ist nicht wahr. Du bist nicht nur Mensch. Du bist göttlich, magst du es auch vergessen haben. Es ändert nichts daran, denn es ist die Wahrheit. Es ist die Wirklichkeit. Und diese Wirklichkeit, sie wirkt – hinter der Bühne, auf der Bühne. Auch wenn du deine Rolle noch so überzeugt spielst, letztendlich folgt alles und auch deine Seele diesen Strömungen der Wirklichkeit, der Liebe, den Gesetzmäßigkeiten des Lichtes, des einen großen Bewusstseins Gottes, der Quelle. Wie immer es auch genannt wird.

Denn so, wie es auf eurem Planeten viele verschiedene Völker gibt und verschiedene Sprachen, drücken diese Sprachen doch das Menschsein aus. Im Großen und Ganzen ist jede Sprache in eine andere Sprache zu übersetzen. Es sind vielleicht Feinheiten, verschiedene Ausdrucksweisen, Wörter, die vorhanden und woanders nicht vorhanden sind. Doch im Großen und Ganzen sind die Gemeinsamkeiten wesentlich größer als die Unterschiede. Da sind verschiedene Religionen, einfach verschiedene Sprachen des Einen. Jeder Mensch ist selbst auch dieser Eine. So hast du, da du auch Gott bist, auch diese verschiedenen Sprachen mit erschaffen und dich einer zugeordnet. Dort wurdest du vielleicht hineingeboren oder bist dorthin gezogen, hast eine Sprache, eine Nationalität, eine Rasse, eine Religion angenommen. Wenn du mit deinem Herzen blickst, dann wirst du immer die Gemeinsamkeiten erkennen, die die Religionen miteinander verbinden. Wenn du mit deinem Verstand blickst, wirst du die Unterschiede sehen. Wenn du der Angst freien Lauf lässt, wird sie diese Unterschiede zu tiefen Gräben machen, die unüberbrückbar scheinen, doch das ist nicht die Wahrheit. Die Wahrheit ist, alles ist eins, auch wenn verschiedene Sprachen, verschiedene Religionen, verschiedene Menschen an verschiedenen Orten zum selben Einen hinführen möchten. Und somit ist Gott in jeder Religion, doch keine Religion hat ausschließlichen Anspruch auf Gott. Alles andere ist menschengemacht, entspringt dem menschlichen Verstandesdenken, der Beurteilung, des Trennens, des Sehens und Fixierens von Unterschieden.

Lieber Mensch, öffne dein Herz für dich selbst, für jeden Menschen, und all das, was unschön ist auf Erden, wird weicher. Wir, die lichten Wesen und Engel und die Quelle, die du vielleicht als Gott irgendwo in der Ferne draußen vermutest, greifen ständig ein in das Geschehen durch dich. Durch dich. Ich, Laotse, greife in das Geschehen ein durch mein Medium. Wir, wir dürfen nur in manchen Fällen besondere Wunder wirken und uns zeigen. Es wäre so einfach, glaubst du, würde jedem Menschen ein Engel erscheinen? Doch um das geht es nicht. Es geht darum, dass du selbst merkst, spürst, erkennst, dass du dieser Engel bist, auf den du wartest, dass du dieser eine Gott bist oder zumindest ein Teil von ihm, ein Teil, der jedoch das Ganze in sich trägt, dieser Gott bist, der auf irgendeinen fernen Gott wartet, dass du jener Gott bist, der alles verändern kann und alles verändern wird.

So möchte ich, Laotse, auf etwas sehr Brisantes auf eurem Planeten eingehen, auf einen Virus, der sich jetzt zu dieser Zeit zeigt. Doch auch hier es so: Blickst du mit den Augen des Verstandes und lässt der Angst freien Lauf oder blickst du mit deinem Herzen auf das Gesamtgeschehen? Erkennst du, dass diese Welt bereits zerfällt, diese Welt, die voller Leid, die voller Begrenzungen ist? Und weshalb zerfällt sie? Weil Menschen wie du zu erwachen beginnen. Weil Menschen wie du in ihrem Herzen spüren können und in ihrem Verstand in Erwägung ziehen, dass da ein Engel, ein Meister zu ihnen diese Worte spricht und dass sie mehr sind als nur Mensch. Wenn etwas Neues geboren wird, ist es oft so, zumindest im Menschlichen, dass es etwas schmerzt. Das Loslassen, es schmerzt. Viele schmerzt der Tod, den es nicht gibt.

Das Leben, die Liebe, Gott ist unendlich, der Tod ist ein völlig abstrakter Begriff. Er spiegelt dir Endlichkeit vor, dass etwas einfach endet. Das ist nicht möglich, nicht in diesem und in keinem anderen Universum. Es widerspräche völlig dem grundlegenden Konzept des Lebens. Leben ist ein Auf und Ab, ist Geburt und Wiedergeburt, ist

Geborenwerden und Sterben. Doch kein Tod. Es gibt keinen Tod. Alles ist im Wandel. Du bist Energie und wandelst dich ständig.

Warum taucht auf eurem Planeten gerade jetzt zu dieser Zeit eine Krankheit, ein Virus auf, der scheinbar den Tod verbreitet? Dieses Thema des Todes, das im Moment bei euch auf Erden einen so großen Stellenwert einnimmt und so viel Aufmerksamkeit und Focus auf sich zieht, Kriege, Töten, Leid und Sterben, Tod, Krankheit, ein Virus, der scheinbar nicht zu bekämpfen ist. Laotse möchte dir sagen, dass dir dieser scheinbare Tod so vor Augen geführt wird, dass du lernst, ihn zu überwinden, deine Angst abzulegen, um dahinter zu blicken, zu sehen, jene Menschen, die gehen, sie sterben, doch sie sind nicht tot. Sie kehren nach Hause zurück. Ein Virus ist zur Hälfte ein energetisches Gebilde und halb manifest. Das bedeutet, dass ihr dieses energetische Muster nicht im Ganzen betrachten könnt. Ihr seht nur einen Teil davon, und zwar jenen, der sich bereits in der Materie zeigt. Deshalb könnt ihr auch kein materielles Gegengift dazu herstellen. Viren sollen euch darauf aufmerksam machen, dass es Dinge gibt, die nicht sichtbar sind, nicht messbar und doch wirken, etwas bewirken, und die Auswirkung dieser Viren könnt ihr beobachten.

Laotse möchte dir noch etwas sagen. Vor gar nicht so langer Zeit auf diesem Planeten, als ich noch auf Erden war, waren Bakterien und Mikroben nicht bekannt. Sie waren nicht sichtbar. Sie waren nicht im Bewusstsein der Menschen. Damals waren Bakterien auch noch nicht manifest, so wie jetzt eure Viren. Doch langsam hat sich das Bewusstsein eingestellt, dass dort etwas sein muss. Und je mehr die Menschen ihr Bewusstsein öffneten, umso mehr konnten sie diese Bakterien erfassen und sie letztendlich sichtbar machen. Dieser Vorgang geschieht jetzt auch mit dem, was ihr einen Virus nennt.

Doch dieser Virus ist ein energetisches Muster, wie bereits erwähnt, das sich auf energetischem Wege verbreitet, über Gedanken, über Gefühle. Gerade beim Ebolavirus könntest du fragen: Warum trifft es immer die ärmsten Menschen als erstes? Es beginnt von dort, weil dort die Menschen so leiden, weil sie keine Freude am Leben haben, weil sie trostlos sind, weil sie nur noch existieren, arm und hungernd, Krieg und Schrecken ausgesetzt. Dort zeigen sich diese Gedankenmuster, die zusätzlich noch von Angst und davon, dass die Menschen ihren Glauben an das Leben verlieren, genährt werden. So springt dieser Virus vielmehr im Geiste von einem Menschen zum anderen – ähnlich wie ein Computervirus auch nichts ist, was greifbar wäre oder durch ein Medikament einzudämmen. Es braucht sozusagen ein Gegenprogramm.

Ausgangspunkt von allem sind die Gedanken der Menschen. Wenn die Hoffnung verlorengeht, entstehen solche energetischen Muster. Darum sage ich dir, lasse dir davon nicht bange machen. Angst zieht diese Muster an. Wenn du große Angst hast davor oder die Menschen im Westen eine große kollektive Angst entwickeln, kann dieses Virus vielleicht überspringen. Es klingt grausam, aber all das soll euch eine Lehre sein, soll euch letztendlich aufzeigen, dass ihr nicht Opfer seid, sondern dass ihr Schöpfer seid und dass ihr selbst all das verursacht mit euren Gedanken und euren Gefühlen der Trennung, der Angst und der Sorge. Darum beginnt ihr, denen es relativ gut geht, die liebevollen Gedanken zu denken, eure Ängste loszulassen, zu vertrauen auf eure Göttlichkeit. Beginnt ihr, voller Mitgefühl auf jene Menschen zu blicken, die dabei helfen, die restlichen Menschen etwas zu lehren, ihnen etwas vor Augen zu führen.

Ich, Laotse, freue mich, bald wieder zu dir, zu euch, sprechen zu können. Für heute ist genug gesagt.

In unermesslicher Liebe
Laotse

Laotses Live-Ticker – Botschaft Nr. 9

Fremdbestimmtes / selbstbestimmtes Leben
Kollektive Gedanken
Demokratie, Kompliziertheit und Bürokratie
Der Ältestenrat

Meine lieben Freunde des Lichtes. Ich bin euer Meister Laotse und ich begrüße euch einmal mehr. Mit ***Omar ta Satt*** verwende ich die Sprache der Engel, um den Engel in dir zu berühren. Ich begrüße dich und bin wie immer heiter und voller Freude in meinem Wirken als Botschafter zwischen den Welten, zwischen den Dimensionen. Wie du ja weißt, ist dies eine sehr enge Zusammenarbeit zwischen einem geistigen Wesen und einem Medium. Somit fließt auch die Energie des Mediums etwas mit ein und das ist so gewollt. Normalerweise, wenn wir durch ein Medium sprechen, möchten wir die höchst mögliche Neutralität des Mediums gewährleistet sehen, damit unsere Botschaften so wenig wie möglich verfälscht werden. Doch hier in diesem Fall ist es eine neue Erfahrung, eine Art Experiment. Und ich muss sagen, es gestaltet sich sehr gut. So vertraut das Medium mir und meinen Impulsen und ich vertraue natürlich voll und ganz dem Medium, dass die Worte, die es wählt, und jene Impulse, die das Medium einbringt, eine wunderbare Botschaft für euch ergeben, die für euch gut verständlich ist. Natürlich soll die Botschaft euer Herz berühren. Doch weiß ich, Laotse, auch, dass manches Mal ein gewisses Verständnis der Dinge nicht verkehrt ist und dass ihr in einer Welt lebt, die viele Fragen aufwirft, eine Welt, die vielleicht sehr kompliziert erscheint. Und auf diese Fragen möchte ich heute mithilfe des Mediums eingehen.

Natürlich ist die Welt in Wahrheit nicht kompliziert. Ihr Menschen, ihr habt sie kompliziert gemacht. Es scheint so, als würde alles immer noch schlimmer und komplizierter werden, jeder Vorgang sich immer undurchsichtiger gestalten. Dass es so scheint, damit habt ihr völlig recht. Dazu möchte ich euch sagen, das ist so, weil ihr dazu erzogen worden seid, kompliziert zu denken. Ihr wurdet in einem System erzogen – nehmen wir einmal die sogenannte westliche Welt –, und jetzt muss ich, Laotse, mich in Themenbereiche vorwagen, und ich tue das nur Hand in Hand zusammen mit dem Medium, die wir, die geistigen Welten, ansonsten nur streifen oder uns nicht wirklich darauf einlassen können, weil es einfach zu menschlich und zu dualistisch ist.

Jede der Botschaften soll immer den größten Teil Energie, Worte und Wahrheiten aus der Wirklichkeit enthalten und somit nicht zu sehr dieser Scheinwirklichkeit eurer Welt Aufmerksamkeit geben. Vielmehr sollen die Botschaften die Aufmerksamkeit in dich, in dich selbst hinein lenken, auf die Wirklichkeit, auf das Wahre, Gute und Schöne. So wirst du immer Botschaften, in denen sich viel vermischt von den Botschaften der geistigen Welt mit den Ansichten des Mediums daran erkennen, dass sehr menschliche, vielleicht politische und gesellschaftliche Dinge besprochen werden. Doch hier in diesem Fall, und wie gesagt in Übereinstimmung und Absprache mit mir und dem Medium, möchte ich einige Impulse in diese Richtung senden. Ich hoffe, dass ihr sie richtig versteht, dass du sie mit deinem Herzen verstehst.

Besonders ihr Menschen im Westen, und ich nenne es einmal den Westen, den freien, oder soll ich sagen, den "Wilden Westen"? Wie auch immer, ihr glaubt, und so wird es euch erzählt, ihr wäret frei in eurem Tun, in eurem Denken, euren Entscheidungen und Handlungen, doch Laotse möchte dir sagen, das ist gar nicht so.

Jemand hat die Frage gestellt, was den Unterschied zwischen einem selbst- und einem fremdbestimmten Leben ausmacht.

Und auch dazu hat Laotse eine Antwort für dich. Welcher Mensch, und wirkt er noch so selbstständig, ist wirklich selbstbestimmt ohne einen Einfluss von außen? Das gibt es kaum, vielleicht sogar gar nicht. Es gibt Menschen auf diesem Planeten, die sind sich ihrer Göttlichkeit vollkommen bewusst und leben das. Und dennoch, um mit den anderen Menschen in Kontakt zu sein, bewegen sie sich hier in dieser Welt, in eurer Dimension, in eurer Dualität. Sie unterwerfen sich damit auch freiwillig den dualen Gesetzmäßigkeiten, zumindest zu einem bestimmten Teil, sonst wäre es nicht möglich, mit der Welt in Kontakt zu sein, die Menschen zu erreichen und zu unterstützen.

Selbstbestimmt würde bedeuten, dass nur du und deine Gedanken, deine eigenen Gedanken, Einfluss auf dein Tun haben. Doch überlege einmal, was es bedeutet, wenn Laotse dir sagt, dass viele zigtausende von Gedanken täglich durch dein Gehirn geistern, durch dein mentales Feld und nur ein ganz kleiner Prozentsatz davon deine eigenen Gedanken sind. Es sind kollektive Gedanken. Somit sind die Menschen durch das Kollektiv fremdbestimmt. Wenn es bei den Gedanken schon anfängt, wie soll es denn dann bei den Handlungen und der Gestaltung des Lebens anders sein? Ihr lebt in einem System, das sehr klug ist, und ihr blickt herunter auf andere Länder, in denen bestimmte Menschen regieren. Es gibt Menschen, die regieren ein Land und andere Menschen mit Schrecken, mit Angst und Einschüchterungen. Doch es gab immer auch sehr weise Menschen, die große Macht hatten und für ihr Volk das Beste versuchten. Ihr würdet sie vielleicht Könige, zu früheren Zeiten, oder auch Diktatoren nennen. Und so habt ihr in der westlichen Welt euch ein sehr schönes System, und ich meine das etwas ironisch, denn es scheint zumindest sehr schön, ausgedacht. Es ist die Demokratie. Ihr glaubt, dort liegt die Lösung.

Was ist, wenn ich, Laotse, euch sage, dass es dieses System ist, das System an sich, das die Rolle der Diktatur, des Diktators übernimmt? So ist es nicht mehr ein Einzelner, der angeprangert werden kann. Nein, diese Diktatur kann keinem zugeordnet werden. Es gibt so viele Meinungen. Jeder Mensch hat eine andere Meinung. Und doch sind sich diese Meinungen in einem großen Kollektiv alle doch wieder so ähnlich in ihrer Grundstruktur. Da, wo jeder Mensch auf sich selbst bezogen ist, gibt es so viele verschiedene Interessen und Interessensgruppen und davon nährt und darauf stützt sich dieses System der Demokratie. Es diktiert euch einerseits Vielfalt, die Freiheit, seine Meinung und sein Interesse zu äußern, und auch die Freiheit, zu versuchen, diese durchzusetzen, und wenn es sein muss mit roher Gewalt oder zumindest mit Manipulation von anderen Menschen zum eigenen Vorteil. Und so sind es viele kleine Diktatoren, die sich hinter einem großen Schutzwall, einem schönen Namen und einem Begriff der Freiheit verstecken, die es so nicht gibt. Frei wird die Menschheit dann sein, wenn sie sich von all ihren Schmerzen befreit hat, wenn sie ihre spirituelle Entwicklung und ihr Herz ganz weit geöffnet hat, jeder für sich und das ganze Kollektiv. Dann wird alles sehr einfach, denn dann wird es nicht mehr so viele verschiedene Interessen geben. Gemeinsame Interessen werden überwiegen. Das werden Frieden sein, Anerkennung, gemeinsamer Wohlstand, Austausch und all diese Dinge, die ihr eigentlich auch anstrebt – doch irgendwie scheinbar nur teilweise, und die ihr nicht erreicht in eurem wunderbaren System.

Jetzt bin ich, Laotse, etwas politisch geworden und ich habe mir dafür etwas Hilfe vom Medium geholt, doch ich war auch einmal auf Erden. Und auch dort gab es diese Ränke und dieses Suchen und diesen Drang nach Macht und Regieren und Herrschen. Doch damals war alles offensichtlich. Die Menschen wussten, dort ist ein Herrscher. Es gab Herrscher, die ein großes Herz hatten, und Herrscher, die die Menschen drangsalierten. Doch die Menschen wussten, woher der Segen oder das Übel kam. Sie wussten, woran sie waren. Ihr, der freie Westen, der „Wilde Westen", ihr glaubt es zu wissen, doch ihr seid in der Masse so sehr fremdbestimmt. So vieles wirkt auf euch ein. Dadurch seid ihr so verwirrt und alles wirkt so hektisch und schnell. Da es so viele verschiedene Interessensgruppen gibt, gibt es so viele Möglichkeiten, untereinander in Beziehung zu treten, Geschäfte zu tätigen, politisch, sozial, Absprachen zu treffen. Es ist ein ganz und gar verworrenes Netz und der Durchblick ging völlig verloren. Dieses System versucht sich um jeden Preis selbst zu erhalten, so wie ein Diktator in einem fernen Land. Ich sage dir, finde die wahre Freiheit. Sie liegt in dir. Ihr werdet diese Systeme abschaffen, glaubt mir. Ihr werdet sie als Sklaverei enttarnen. Ihr seid schon dabei. Ihr deckt schon so vieles auf. Es wird sich als vollkommene Farce entpuppen, nur darauf ausgelegt, die Menschen wie hypnotisch in einem Bann zu halten. Doch die Wellen der Veränderung, sie sind jetzt, in diesem Moment, in dem Laotse spricht, so deutlich wie nie erkennbar. Und das wird sich auch nicht mehr legen.

Wann immer du also diese Botschaft hörst, mögest du das erkennen, vielleicht auch erst zu einem Zeitpunkt, da dieses ganze System, in dem ihr euch so lange geborgen und sicher gefühlt habt, sein wahres Gesicht zeigt. Vielleicht bist du jetzt schon mittendrin, es zu erkennen. Vielleicht konnte auch ich, Laotse, etwas dazu beitragen.

Jetzt weißt du, dass du, wenn du nicht wirklich deine eigenen göttlichen Gedanken ohne jede Begrenzung, Gedanken des Lichtes, der Liebe, denkst, dass du dann vom Kollektiv gedacht wirst, dass die kollektiven Gedanken dich durchfluten bei Tag und bei Nacht, dass die kollektiven Gedanken dich aus deiner Mitte und aus deinem inneren Frieden bringen können. Manches Mal sind sie sogar so laut und schallend in deinem Gehirn wie Stimmen, die zu dir sprechen, chaotisch, durcheinander, wie wilde Pferde galoppierend.

Halte inne, lieber Mensch, lieber göttlicher Mensch, lieber Freund und liebe Freundin. Meine Energie, die von Laotse, sie steht für Ruhe und Kraft , für Zuversicht, für Frieden und für Gelassenheit. Atme diese Energie in dich hinein. Spüre, dass dort mehr ist, als du im Außen jemals finden kannst. Beuge der großen Enttäuschung, die über viele Menschen kommen wird, dadurch vor, dass du diese Worte, die Laotse zu dir spricht, durchaus in Erwägung ziehst.

Doch suche keinen Feind. Du wirst ihn nicht finden. So ist dieses System, eure Demokratie und das, was sich freie Marktwirtschaft nennt, aufgebaut. Du wirst keinen wirklichen Gegner finden, den du besiegen kannst, denn du bist ein Teil dieses Systems, indem du daran glaubst und nach dessen Regeln denkst und handelst. Darum ist es so wichtig, dass du dich gedanklich immer mehr davon distanzierst, dass du gleichzeitig spürst, dass dort etwas ist, das nicht nur ein Ersatz dafür ist, sondern weitaus größer, schöner und vor allem wahrer, wahrhaftiger. Dieses Wunderbare, dieses Königreich liegt in dir. Wenn jeder Mensch dieses Königreich in sich findet, dann wird das wahr, was einmal war und was für euch Menschen gedacht ist. Es wird eine Regierungsform geben, einen Rat der Ältesten auf eurem Planeten, der Weisesten, und er wird immer im Sinne aller entscheiden, und zwar im Sinne der Bedürfnisse, die wirklich wichtig sind. In diesen Bedürfnissen ähnelt ihr euch sehr: Förderung des eigenen Seelenlichtes, Anerkennung, gemeinsames Schaffen, individuelle Verwirklichung, dennoch verbunden mit allem, fühlend und sehend den Nächsten nicht nur in seiner Gestalt, sondern in seinem Wesen, in seinem tiefsten Wesen als Licht, als göttliches Wesen, als Ausdrucksform der Liebe.

Komm, mein lieber Freund, meine liebe Freundin, hilf mit, wo immer du kannst, einfache und wahre Worte zu sprechen. Wahre Worte können durchaus auch schön gesprochen werden, müssen nicht verletzen. Wahre Worte sind schön.

Ich, Laotse, ziehe mich jetzt zurück, und ich wünsche dir eine wunderschöne Zeit. Laotse dankt dir für dein Sein.

Laotses Live-Ticker – Botschaft Nr. 10

Hingabe an den Fluss der Energie
Der magnetische Spin – eine magnetische Übung
Die Beschaffenheit der Planeten
Leben auf anderen Planeten

Meine liebe Freundin, mein lieber Freund, ich bin es, Laotse. Kaum hast du gerufen, schon bin ich da. Ich begrüße dich voller Liebe, voller Freundschaft und Verbundenheit. Ich freue mich sehr, ein weiteres Mal eine Botschaft zum Besten zu geben, für dich, zum Besten, was die Erde trägt. Du und das Planetenbewusstsein, das wir in der Wirklichkeit Lady Shyenna nennen, ihr seid untrennbar miteinander verbunden. So vieles schwingt in dieser tiefen Verbindung seit so vielen, vielen Zeitaltern im energetischen Feld. Es hat etwas mit den vielen Leben, die du hier auf Erden gelebt hast, zu tun. Da sich der Planet im Moment sehr verändert, und das nicht nur im Außen, sondern noch vielmehr auf energetischer Ebene, beginnst du oder vielleicht bist du schon mittendrin, vieles zu spüren von alldem, was dich mit diesem Planeten verbindet.

Dich selbst zu spüren, vermutlich macht dir das manches Mal Mühe und kostet dich Kraft. Vielleicht verwirrt es dich auch von Zeit zu Zeit. Vielleicht ist es hier und da etwas befremdlich für dich, da du etwas spürst, tief in dir, was du dir nicht erklären kannst. So möchte ich dir beruhigend sagen, alles ist im Fluss. Wenn es dir möglich ist, dann gebe dich diesem Fluss der Energie, dem Fluss der Veränderungen hin. Spüre meine Energie, die von Laotse. Sie bringt dir Gelassenheit, Ruhe und Stille in dein Herz – und ich sage dir, es ist alles gut.

Es ist so wichtig zu dieser Zeit, dass du dem Aufruf, den ich schon öfter in diesen Botschaften gemacht habe, folgst, deine Gedanken zu betrachten. Denn was du von der Welt denkst, das ist es, was die Welt für dich ist. Wichtig ist dabei zu erkennen, dass die Welt für dich etwas ganz anderes sein kann als für deinen Freund, deinen Bruder, für den Menschen neben dir. Du siehst mit deinen Augen Dinge und spürst Energien und interpretierst sie. Und so macht das jeder Mensch. Doch es gibt auch eine große Gemeinsamkeit des Denkens, Vorstellungen darüber, wie die Welt ist, was ein Planet ist, was Himmelskörper sind, wie das Weltall, das Universum, funktioniert.

Laotse möchte die Energien des Tages nutzen, um zu deinem Herzen zu sprechen, deinen Verstand, dein Denken zu überprüfen, die Bilder, den Glauben, die Vorstellungen, die du bereits von Kindesbeinen an erlernt hast, zu hinterfragen. Vielleicht ist dieser Planet, den die meisten immer noch Erde nennen, der jedoch in seiner Gestalt die Töne Solvana trägt und in seinem kosmischen Sein einst als Lady Shyenna erschaffen wurde, etwas ganz anderes als nur ein Planet, eine Art Neutrum? Vielleicht ist dieser Planet ja genau so lebendig wie du? Vielleicht ist es nicht so oder nur zu einem Teil, wie die gängige Meinung es euch über euren Planeten darstellt? Vielleicht gibt es auch innerhalb eures Planeten Leben? Vielleicht ist er von Arten und Wesen bewohnt in Bereichen, in denen ihr gar kein Leben vermuten würdet? Und Laotse meint damit keine kleinen Tierchen oder ähnliches, sondern Wesen in der Art wie ihr.

Zu dieser Vorstellung, wie euer Planet funktioniert, wie die Gestirne zueinander in Beziehung stehen, der Vorstellung über euer Sonnensystem und eben jene Planeten dort, mit der Vermutung oder den relativen Beweisen, ob es dort Leben gibt oder nicht, sage ich dir: Jeder dieser Himmelskörper ist bewohnt. Erlaube dir einmal, dir vorzustellen, wie du es vielleicht aus Filmen kennst, welche Möglichkeiten es geben könnte. Wenn du einen Schöpfergott für möglich hältst, der unendlich weise, wissend, allumfassend und liebend ist, ohne jede Begrenzung, dann lasse deinen Geist einmal frei schwingen, entziehe ihm die anerzogene und erlernte Art des begrenzten Denkens und Fühlens. Halte für möglich: Es gibt Abermillionen verschiedene Möglichkeiten von Leben, intelligentem, fühlendem, individuellem Leben, so wie du dich als Individuum verstehst, und doch ist alles so tief miteinander verbunden. Wenn es so ist, dass du dir das vorstellen kannst, dann wirst du mir sicher zustimmen, wenn ich dich frage: wenn diese vielen, vielen verschiedenen und tatsächlich vorhandenen Arten von Leben in deinem Weltbild keine Rolle spielen, wie vollständig mag dieses Weltbild dann wohl sein? Wie vollständig mag das Bild von dir selbst, von Gott in dir, von Gott in allem, was ist, sein, wenn all das ausgeblendet wird?

Laotse möchte einmal ganz klare und deutliche Worte sprechen. Es ist jetzt die Zeit, euren Glauben, euer Vertrauen, euer blindes Vertrauen in jene Menschen, die ihr als eure Führer, als eure Wissenschaftler habt, zu überprüfen. Vielleicht funktioniert die Welt ja ganz anders, als man euch glauben machen möchte? Vielleicht ist ein Planet etwas völlig anderes als du glaubst und es dich gelehrt wurde? Vielleicht ist das Sonnensystem, ja selbst der Mond, bewohnt, voller Leben? Wie kannst du das wissen, dass das nicht sein kann? Warst du jemals dort? Kannst du den Menschen, die die Informationen nach außen in die Öffentlichkeit geben, wirklich vertrauen, dass sie dir das sagen, was sie dort vorfinden? Vielleicht ist alles erfunden oder ein großer Teil davon? Oder vielleicht sprechen auch viele über Zusammenhänge, die sie nicht verstehen, und führen sich selbst und die Menschheit in die Irre?

Laotse möchte dir heute etwas Wichtiges übermitteln. Magnetische Energie spielt eine besondere Rolle in der Beziehung verschiedener Welten, verschiedener Planeten, wie auch immer du es nennen möchtest, zueinander. Magnetismus, dieser lebensspendende Stoff, um es einmal bildlich auszudrücken, verwebt alles miteinander und bringt das göttliche Licht auf den Planeten. Magnetisches Licht, Magnetismus ist weitaus umfangreicher, als du das jemals von einem Buch oder deinem Computer erfragen könntest. Magnetismus ist wegbereitend, verbindend, konstruktiv erschaffend, belebend, ausrichtend und Leben spendend. Dein Körper funktioniert aufgrund von Magnetismus. Jede Zelle, deine Aurakörper, dein physischer

Körper besitzt einen magnetischen Spin. Versuche dich einmal im Uhrzeigersinn um deine eigene Achse zu drehen, sodass dir nur ganz leicht schwindelig wird, und das jeden Tag. Das hilft dir sehr, dein magnetisches Feld an das des Planeten anzugleichen. Durch diese Übung, wenn du sie täglich ausführst, wirst du dich immer mehr drehen können und wirst die Geschwindigkeit dieses Spins, die sich von Tag zu Tag verändert, intuitiv herausfinden und dich mit ihm drehen. Das könnte dein Körperbewusstsein, dein Empfinden und auch dein Wohlbefinden sehr verändern. Diese Energie unterstützt dich, in die neue Zeit zu gehen, und ist etwas sehr, sehr Wichtiges.

Wenn du beginnst, Dinge infrage zu stellen, die dein tägliches Leben betreffen, wie z.B. das Bild, das du von der Welt hast, dann zerbricht immer etwas in dir. Es zerbricht etwas, was nicht der Wirklichkeit entspricht, und bröselt und bröckelt von dir ab. Damit wird die Wahrheit hinter dem Schein der Dinge immer mehr für dich sichtbar. Immer dann, wenn eine Struktur, und seien es Strukturen deiner Gedanken, deines Weltbildes, zusammenbricht, ist es sehr wichtig, dass du diese wieder auffüllst mit einer neuen Struktur, die nicht mehr begrenzt ist und alles beinhaltet, was möglich ist. Wähle dazu den Magnetismus, die magnetische Energie. Sammle dich kurz, bitte um die magnetische Energie und den Fluss der Energien in all deinen Feldern und öffne dich, deine Kanäle und deine Felder und drehe dich im Uhrzeigersinn um deine eigene Achse, gerade so, dass dir nicht zu sehr schwindlig wird. Steigere dies, wenn möglich, täglich etwas. Es wäre sehr gut, diese Übung jeden Morgen durchzuführen, dich danach noch etwas zu setzen und die Energie mit dem magnetischen Fluss durch dich und in jede deiner Zellen hineinfließen zu lassen. Du kannst diese Energie auch durch dich weiterleiten zu Solvana, die so wie du transmutiert. Transmutation ist Veränderung. Wenn du im Fluss der Veränderung bist, wird dir vieles leichter fallen. Sehr viele Lichtkörpersymptome mildern sich dadurch. Sie entstehen oftmals gerade dadurch, dass viele verschiedene neue und starke Energien aus dem Kosmos, sowie das magnetische Licht, unweigerlich in deine Energiefelder hineinfließen. Wenn du und deine Felder mit diesem Fluss, der an den Atemrhythmus der Quelle gekoppelt ist, nicht in Einklang bist, können Schmerzen in deinem Körper und in deinen Zellen entstehen, in vielfältigster Art und Weise – je nachdem wo du, ich sage jetzt einmal ganz menschlich, deine Schwachstellen hast. Das ist bei jeder Seele, bei jedem Menschen etwas anderes. Und doch dort wirst du es auch in deinem Körper spüren. Unerklärliche Symptome, Schmerzen, Schwindel bis hin zu Bewusstlosigkeit und Herzrhythmusstörungen. All das sind Zeichen der Veränderung im Außen und in dir.

Vielleicht möchtest du es über einen gewissen Zeitraum erst einmal versuchen, diese Übung zu machen, die Laotse dir heute überbracht hat, um dann zu fühlen, was sich verändert. Glaube mir und gib mir diesen Vertrauensvorschuss. Du wirst begeistert sein. Du wirst es im Körper und in deiner Seele spüren. Gleichzeitig reinigt sich bei dieser Übung deine Aura, dein Energiefeld und du wirst geerdet.

Diese Botschaft ist eine Botschaft der neuen Zeit. Ich habe sie für dich überbracht, weil ich euch Menschen sehr genau beobachte. Das ist etwas, das im großen Kollektiv der Menschen besonders auffällt, dass durch alte, sehr begrenzte Denkweisen und Gedankenformen die Energie der Neuzeit, die magnetische Energie, in den Zellen vieler Menschen nicht in Einklang ist mit dem magnetischen Fluss des Planeten, welcher sich ständig an den Rhythmus der Quelle anpasst.

Voller Liebe und oftmals auch voller Anteilnahme und Mitgefühl für dich bin ich bei dir, wenn du dich wieder einmal als Spielball der Welt siehst und fühlst – dieser Welt, die letztendlich nur freie Energie ist, die deinem Willen folgt. Meine Energie ist wie ein warmer Mantel, wohlwollend und liebend. Ich bin für dich da. Rufe mich. Ich werde sofort spürbar bei dir sein.

Wieder einmal war es mir eine Freude und eine Ehre, zu dir sprechen zu dürfen. Aus den hohen Bereichen des Lichtes sage ich,

Laotse, dein Freund, dir Lebewohl. Doch ist dies kein Abschied, sondern ein Wunsch meinerseits für dich. Ich danke dir für deine Aufmerksamkeit.

Laotse

Laotses Live-Ticker – Botschaft Nr. 11

Mensch sein • Das wahre Ich • Sich selbst leben
Später Erwachende • Spirituelle Fähigkeiten
Eine Übung für das Erwachen in Liebe

Meine lieben Freunde des Lichtes und natürlich der Liebe. Ich bin Meister Laotse, und ich begrüße euch. Ich begrüße wie immer dich ganz persönlich zu dieser neuen Botschaft. Ich bin wie immer glücklich und froh und voller Tatendrang und freue mich, diese Botschaft überbringen zu dürfen. Ich habe mir einige Fragen, aber vor allem einige Antworten bereitgelegt, um sie euch zu übermitteln.

Ich sage dir, du bist mehr, viel mehr als nur ein Mensch. Wie verstehst du das? Wie nimmst du das auf? Empfindest du das als eine Erniedrigung deines Menschseins oder nimmst du es als Bestärkung wahr, dass es da noch viel zu erforschen gibt, zu entdecken? Natürlich kannst du dich bei diesem Ausspruch auch klein fühlen. Doch warum, frage ich dich, sollst du dich klein fühlen, wenn ich doch im gleichen Atemzug sage, du bist göttlich? Du bist Gott auf Erden in einem Menschenkörper, mit allem, was dieser menschliche Körper und auch deine Energiekörper mit sich bringen, manches Mal vielleicht auch nicht so angenehme Empfindungen. Gefühle und Empfindungen jeglicher Art gehören wohl zum Menschsein. Du darfst mir glauben, dass ich das weiß, denn auch ich, Laotse, habe viele tausende Male als Mensch gelebt.

Doch jetzt zeigt es sich mir noch einmal aus einem ganz anderen Blickwinkel. Jetzt, da ich erkannt habe, was es heißt, mehr zu sein als nur ein Mensch, sage ich dir, nimm es so, dass das Menschsein eine Identität ist, die nicht unbedeutend ist, die dich als Erdenbürger, als Bewohner dieses Planeten auszeichnet. Und andererseits, dass nicht alles, was von Menschen an dich herangetragen wird, eine kosmische Bedeutung hat. Doch gibt es da noch etwas, was noch viel größer ist, nämlich dass du Bewohner dieses Universums bist. Schmälert das eine das andere oder ergänzt es sich vielmehr? Ich, aus meiner Erfahrung und aus meiner Sicht der Dinge aus der geistigen Welt, ich sehe es so, dass viele Menschen, die der festen Überzeugung sind, sie wären nur Mensch, oftmals nicht den Mut besitzen, sich ganz dem Menschsein mit allen tiefen Gefühlen zu stellen, sie zu durchleben, sie wirklich zu erfahren. Stattdessen werden viele Emotionen, die sich an der Oberfläche bewegen, gelebt, gefühlt. Doch das wahre, tiefe Fühlen wird oftmals vorzeitig abgebrochen.

Wenn ein Mensch diese Angst vor dem Fühlen und letztendlich diese Angst vor der Liebe doch ablegen könnte! Was würde er in der Tiefe seiner Seele finden, wenn nicht die Liebe, und somit sich selbst. Also wäre es ihm vielleicht doch hilfreich zu hören, dass er nicht alleine ist. Dass sein Sein und seine Seele weit tiefer und weiter hinausreichen, als er glaubt, und dass sein göttliches Licht ihn dazu berechtigt und ermutigt, in dieses tiefe Fühlen zu gehen. So sage ich dir, nur jene Menschen, die auch das Göttliche in sich respektieren, achten, schätzen und zulassen, können das Menschsein wirklich tief erfahren und erleben.

Ich möchte noch einmal deutlich unterscheiden zwischen einem oberflächlichen, emotionalen Leben voller Zerrissenheit und einem Leben, das tief gefühlt wird.

Was ich erkennen kann, und ihr wisst, ich beobachte die Menschen mit den Augen der Liebe, ist dieses Gefühl, gemeinsam füreinander dazusein, das sich entwickelt. Es mag sein, dass sich das zunächst erst einmal in bestimmten Schichten der Bevölkerung so zeigt, doch es wird übergreifen. Es ist ein tiefes Bedürfnis der Menschheit. Denn diese Veränderung, und alles ist ein Ausdruck dieser Veränderung, lässt die Menschen zusammenrücken. Es ist so schwer, euch das wirklich zu erklären, ohne dass es missverstanden werden kann. Doch es sind Kräfte und Energien auf eurem Planeten am Werke, die diese Veränderungen bewirken. Wenn du einmal genau hinblickst, sind es nicht nur die Energien oder Menschen, die du als positiv, liebevoll verändernd wahrnimmst, sondern es sind auch jene Bewegungen und Strömungen, die es auf eine vielleicht kriegerische oder menschlich negative Art und Weise tun. Auch so wird Veränderung bewirkt. Und es geht um Veränderung. Denn die Veränderung, sie ermöglicht das Neue.

Ich kann durchaus verstehen, wenn ihr mit Sorge auf die Veränderungen in eurer Welt blickt. Doch möchte ich euch ermutigen, immer einen kleinen Schritt weiter zu blicken und die Frage zu stellen: Was kommt dann? Was wird dadurch wieder möglich? Ich, Laotse, sage dir, die Menschen werden zusammenfinden. Sie werden viele Gemeinsamkeiten entdecken. Sie werden einander bereichern. Du magst es jetzt schon spüren, dass es dir ein Bedürfnis ist, anderen Menschen die Hand zu reichen und sie hoch in die Energie zu ziehen. Andere werden dieses erwachte Bewusstsein vielleicht etwas später erlangen. Doch sie werden das Gleiche tun und das gleiche Bedürfnis haben wie du. Es ist immer das Beste, wenn du das, was du einem Menschen zeigen möchtest, vorlebst, dass du ihm zeigst, dass es möglich ist, sowohl den Weg des Menschseins als auch des Erwachens zu gehen, dass es möglich ist, in dieser jetzigen Zeit frei zu sein von Ängsten. Menschen vorzuleben, dass es möglich ist, zu erwachen und dennoch Mensch zu sein, nicht in eine Abgehobenheit zu gehen, als Mensch ansprechbar zu bleiben und dennoch Gedanken der Wirklichkeit und Worte der Liebe zu wählen. Damit überzeugst du die Menschen in ihrer Seele, weil sie dann spüren, dass es wahr ist, was du sagst, und vor allem, wie du es sagst.

Eine Frage, die ihr gestellt habt, verstehe ich nicht. Wie sollte ein Mensch, der in der Liebe steht und mit seinem Herzen blickt, keinen Blick mehr haben für seine Mitmenschen? Er wird viel mehr als jemals zuvor eben jene Dinge sehen, die ein Mensch braucht. Er wird die Seele und das göttliche Licht des anderen sehen. Er wird feinfühliger sein und auf die Menschen eingehen können. Warum sollte er nicht gesehen werden von den Augen der Liebe? Die Augen der Liebe, sie blicken hindurch durch den Schein und reichen jedem die Hand, der es zulassen mag. Doch die Liebe lässt auch gewähren, wenn ein Mensch nicht möchte, wird die Liebe ihn nicht dazu zwingen. Und doch wird niemand vergessen werden, die Liebe wird letztendlich in jeder Seele erblühen. So viele tragen dieses neue Bewusstsein in sich. Wir beobachten das bis in die höchsten eurer irdischen Führungsebenen hinein, dass Menschen neue Erkenntnisse der Liebe haben, andere Worte verwenden, dass in euren Medien eine neue Art von Berichterstattung entsteht und die Fragen, die gestellt werden, immer tiefgründiger werden. Ebenso werden sich dazu die Antworten verhalten, die daraus entstehen, die Lösungen. Lass dich nicht verwirren angesichts dieser fordernden Zeit und überantworte deinen Geist deinem Herzen, liebe dich selbst. Das bedeutet, finde heraus, was du besonders kannst, was du besonders liebst, was deine Fähigkeiten sind, was deine Bedürfnisse sind, und dann erlaube dir, deine Bedürfnisse zu leben, in dem gleichen Maße auch anderen Menschen von deinen Fähigkeiten und Qualitäten zu geben. Es wird eine Zeit kommen, wo jeder Mensch sich selbst lebt, das für sich entdeckt, was ihm gegeben wurde von Gott, vom Universum, wie seine Seele beschaffen ist und wie er dieses Selbst einsetzen kann, sodass andere Menschen dadurch ihr eigenes Selbst finden. Denkt positiv. Es ist bereits so vieles an positiven Gedankenströmen in der letzten Zeit entstanden auf eurem Planeten. Entscheidet euch bewusst, euch in diesen Fluss dieser Gedankenströme, die alles erreichen können, einzugeben. Zieht eure Aufmerksamkeit von den begrenzenden und herunterziehenden Gedankenströmen ab. Das bedeutet nicht, dass du nicht mehr Mensch sein sollst. Es bedeutet einfach, dass du dir bewusst machst, dass sich ein großer Wandel vollzieht und dass du der Erbauer bist, Mitgestalter dieses Wandels und dich eingibst. Dann plötzlich fallen Schranken und Begrenzungen, auch in der Gesellschaft oder im Umgang mit anderen Menschen, wodurch so viel Neues möglich wird. Jene feindseligen Bewegungen, die derzeit den Zwiespalt und den Hass auf dem Planeten schüren, sie werden sich auslaufen wie Wellen an einem weichen, flachen Strand mit einem leichten Rauschen und die Sonne wird scheinen.

Ich möchte euch noch etwas sagen zu spirituellen Fähigkeiten. Die meisten Menschen würden sich wünschen, sie würden all jene Dinge sehen können, die allen anderen verborgen bleiben. Gott sei Dank können die meisten Menschen das bislang noch nicht. Doch die spirituell entwickelten Menschen, auch sie glauben oft, etwas sehen zu müssen, hellsichtig sein zu müssen, um den Menschen helfen zu können. Doch was bedeutet Hellsicht? Wenn dein Drittes Auge geöffnet ist, wird deine Intuition dich hinter die Kulissen fühlen, wahrnehmen lassen, bei den einen über Bilder, über das Sehen, bei anderen über das Gefühl oder über eine starke innere Stimme. Das spielt keine Rolle, wie du diese Fähigkeit der Wahrnehmung auslebst. Doch wie immer es auch bei dir ist, schätze diese Fähigkeit. Jeder trägt sie in sich auf die eine oder die andere Art.

So möchte dir Laotse zum Abschluss noch eine Übung vorschlagen. Es versammeln sich Heerscharen von Engeln. Sie bilden ein großes Gitterfeld. Sie nehmen Kontakt auf mit jenen Menschen auf Erden, die ihr Herz öffnen, ihren Geist und in ein Bewusstsein des Erwachens gelangt sind. Diese Engelsscharen haben den Auftrag, in dieser Zeit die Menschen bei ihrem Erwachen zu unterstützen. Sie weben ein Netz, in das du dich einbinden kannst, wenn du das möchtest, alleine durch deine Absicht. Denn jetzt ist die Zeit gekommen, da dieses Netz immer mehr und stärker nach oben gezogen wird. Es wird viele Millionen von Menschen tragen und erhöhen. Da du in der Energie und in deinem Bewusstsein erhöht bist, sonst würdest du diese Botschaft gar nicht aufnehmen wollen, kannst du dich dort einweben. Dadurch wird es dir auch noch leichter fallen, Menschen in ihren Herzen zu erreichen, ihnen die Augen zu öffnen für das Gute, Wahre und Schöne. Nimm ein paar ruhige und tiefe Atemzüge und verbinde dich mit diesem Gitternetz der Liebe. Erkenne dich als ein Teil davon.

Laotse war es eine Freude, wieder zu dir, zu euch, sprechen zu dürfen. Ich werde das bei nächster Gelegenheit sehr gern wieder wahrnehmen und verbleibe bis dahin
euer Laotse.

Laotses Live-Ticker – Botschaft Nr. 12

Worte der Liebe • Von wegen „schöne Worte sind nicht wahr – wahre Worte sind nicht schön“ Licht und Liebe sein Eine Übung als Gegengewicht zum Chaos auf Solvana (Erde) Geschenk an die geistige Welt

Meine liebe Freundin, mein lieber Freund des Lichtes und nicht nur des Lichtes, nein, auch der Liebe. Ich begrüße dich abermals als der dir schon wohlbekannte Laotse, der im Universum als der alte Meister bezeichnet wird. Dass du diese Botschaft nun in dich aufnimmst, ist ein Zeichen dafür, dass deine Seele dafür bereit ist. Es ist eine Botschaft aus den höchsten Bereichen des Lichtes. Und es ist eine Botschaft der Liebe, in den Worten der Liebe zu dir gebracht.

Was sind Worte der Liebe? Ich möchte etwas klären. Es wird mir, Laotse, oft ein Ausspruch zugeschrieben. Als ich einst auf Erden inkarniert war, soll ich gesagt haben, dass schöne Worte nicht wahr und wahre Worte nicht schön seien. Doch ich kann dir versichern, etwas dergleichen habe ich niemals gesagt. Denn in Worten, in denen die Schönheit wohnt, wird automatisch etwas in deinem Herzen angesprochen, in deiner Seele. Denn dort, wo die Blume des Lebens in dir verankert ist, dort ist die höchste Schönheit und auch Wahrheit anzutreffen. Und warum sollen Worte, die wahr sind, nicht schön sein können, wenn doch die Wahrheit die Liebe ist?

Es ist ein sehr menschlicher Ausspruch, der mir zugeschrieben wird, und um es noch einmal zu sagen, ich bin und war zu jeder Zeit bereits auf Erden ein Meister der Weisheit. Doch Menschen, die diesen Spruch geprägt haben, haben damit natürlich gemeint, dass Schmeicheleien oftmals nicht der Wahrheit entsprechen. Doch rechtfertigt das nicht, diesen Spruch in die höchste Wahrheit zu erheben.

Die Botschaft des heutigen Tages, die ich an dich senden möchte, ist in diesen Zeiten der großen Bewegungen der Energien, diesen gewaltigen Veränderungen auf Erden, folgende: Viele Menschen werden immer aufgeregter, aggressiver und ungehaltener, weil sie all das, was geschieht, nicht verstehen, weil es ihnen Angst macht, weil sie um ihre Sicherheit, um ihre Zukunft besorgt sind. Und es muss auch zu diesen, teilweise sehr destruktiven Energien eine Gegenbewegung geben. Ein Teil dieser Gegenbewegung kannst du sein, wenn du möchtest. Es wäre derzeit und nicht nur derzeit, denn diese Botschaft ist eine unvergängliche, so wichtig, den Menschen mit Worten der Liebe zu begegnen. Dir immer wieder bewusst zu machen, dass jeder Mensch ein verletzliches Herz in sich trägt, ein Herz, das genauso verletzlich ist wie das deine. Nur manche Menschen geben das nicht gerne zu oder sie haben einen solchen Schutz um ihr Heiligstes, um ihre Blume des Lebens und um ihre Gefühle aufgebaut, dass sie glauben, vieles pralle einfach an ihnen ab und man wäre der Welt nur gewachsen, wenn man sich nicht auf Gefühlsduselei, auf liebevolle Worte einlässt, sondern ganz rational agiert und reagiert. Doch trägt auch dieser Mensch ein weiches Herz. Auch er hört Worte der Liebe und seine Seele nimmt diese Worte in sich auf wie ein Schwamm, auch wenn es nach außen hin nicht so aussehen darf. Natürlich ist es doch so.

Ich möchte dich heute aufrufen, sagen wir einmal, für die nächsten zwei Wochen ganz bewusst, und du wirst sehen, danach geschieht es wie von selbst, darauf zu achten, den Menschen mit der Sonne in deinem Herzen zu begegnen, ihnen offen gegenüberzustehen, ohne Vorbehalte und zugewandt im Herzen. Manches Mal gehört dazu auch einfach eine gewisse Freundlichkeit, auch wenn ein Mensch nicht gleich oder vielleicht auch gar nicht auf deine liebevolle Art reagiert, dann dennoch freundlich ihm gegenüber zu bleiben, wohlgesonnen. Denn wisse, auch er braucht Zugewandtheit und Liebe. Auch ihn wärmen die Worte der Liebe. Um Worte der Liebe zu sprechen, muss man eine gewisse Offenheit in sich tragen und auch eine gewisse Liebe zu sich selbst.

So kannst du einmal versuchen, mit dir selbst ganz liebevoll umzugehen, wie mit einem Schutzbefohlenen, wie mit einem jungen Menschen, einem Kind, und so behutsam wie mit einem rohen Ei, um es nicht zu verletzen. Denn so gehen wir, die geistigen Wesen, ja, so geht Gott mit dir, mit deiner Seele um. Alle Verletzungen, die geschehen, geschehen nur durch Menschen. Und ewig spricht die Stimme der Liebe zu dir und ruft dich unaufhörlich. Eine gewisse Freundlichkeit, Offenheit und Leichtigkeit setzt auch Zuversicht voraus. Kannst du spüren, wenn du tief in dich hinein horchst, dass tatsächlich alles gut ist, dass auch, wenn es auf der Bühne des Lebens gar nicht danach aussieht, doch alles in Wahrheit und in Wirklichkeit gut ist und du beschützt bist? Dieses Vertrauen, dieses Urvertrauen, diese Zuversicht in das Leben strahlt die Blume deines Lebens, deines Herzens aus. Wenn diese Sonne in dir lacht, bist du erwacht. Jeder Strahl dieser Sonne, der auf einen Menschen trifft und dessen Seele beleuchtet, ist gesegnet. Denn jeder Mensch möchte leuchten, eine strahlende Sonne sein.

Es gibt Bewegungen der Energie auf diesem Planeten, die das verhindern möchten. Darum, gerade jetzt und auch für alle Zeit: Sei, sei du diese Sonne. Strahle das Licht und die Wärme in die Welt. Spreche die Worte der Liebe, die niemals verurteilend oder verletzend sind, doch auch wahr sein können. Auch mit Worten der Liebe kann man die Wahrheit und kann man Tatsachen ansprechen. Es ist ein Irrglaube, dass dies nicht möglich sei. Im Gegenteil, es bewirkt sogar vielmehr, wenn ein Mensch sich nicht in der Not sieht, sich verteidigen zu müssen, weil er angegriffen wird. Sondern wenn etwas in einfachen, vielleicht fast kindlichen Worten mit einem Lächeln, mit einer Portion Verständnis und auch Ehrlichkeit an einen Menschen herangetragen wird, dann öffnet sich seine Seele. Dann wird dieser Same aufgehen. Das bewirkt wie immer die Liebe, die so viele Ausdrucksformen kennt: Augen, ein Lächeln, eine Bewegung, eine einladende, anerkennende Geste. Ein warmer Blick und ein warmes Wort zur rechten Zeit.

Viele Unannehmlichkeiten, die ihr Menschen jeden Tag auf Erden erlebt, könnten dadurch vermieden werden. Gehe du voran, tue du das und du wirst auch merken, dass die Menschen es dir danken. Vielleicht im Moment und nicht sofort jeder Einzelne, doch die allermeisten, und es wird deine Seele erfüllen mit Glück und dir zeigen, was diese Achtsamkeit auch mit dir selbst macht. Sie wird dich verwandeln.

Diese Bitte sende ich an dich. Und ich möchte damit auch eine Frage, die gestellt wurde, beantworten, ganz direkt. Was könnt ihr Menschen tun für uns, um uns eine Freude zu machen? Und ich sage dir, genau das, jedes Wort der Liebe, jede Handlung und jeder liebevolle Gedanke auch an uns, aber auch an deine Mitmenschen, bereitet uns Freude. Denn jeder Gedanke, jede Absicht und die Energie jeden Wortes wird von uns gesehen und wir erstrahlen und erblühen in unserem Seelenleuchten, wenn wir erkennen: Dort, dort ist die Liebe am Werke.

Ich bedanke mich bei dir für das Aufnehmen dieser Botschaft in der Energie von Laotse. Ich verneige mich vor deinem Seelenlicht, vor allem, was du bist.

An'Anasha

Laotses Live-Ticker – Botschaft Nr. 13

Wenn Völker wandern • Wenn Grenzen keine mehr sind Wenn das Alte zerbricht • Wenn das Neue entsteht

Mein lieber Freund, meine liebe Freundin, meine lieben Freunde des Lichtes und der Liebe. Ich bin es, Meister Laotse, der euch so gerne aus den Bereichen des göttlichen Lichtes berichtet. Manches Mal versuche ich euch zu übermitteln, wie wir, die geistige Welt, die Geschehnisse auf Erden, auf eurem Planeten, wahrnehmen. Doch wir versuchen auch zu verstehen, wie ihr eure Realität wahrnehmt. Und so ist es mir eine Freude, es ist mir eine Ehre, euch zu begrüßen zu dieser Botschaft, dich anzusprechen, dich einzuladen, zu fühlen, wo du dieser Tage stehst mit deinen Gedanken, mit deiner Sicht der Dinge, mit deiner Sicht der Geschehnisse auf der Welt.

Es ist eine Botschaft, die sich um Visionen dreht, um Manifestationen, aber auch um den Blick auf das große Ganze und um Rücksichtnahme. Rücksichtnahme einerseits dir selbst gegenüber, denn auch du empfindest vielleicht hier und da etwas Bedenken und eine kleine Furcht. Und das ist auch aus menschlicher Sicht verständlich. Rücksichtnahme jedoch auch anderen Menschen gegenüber, die so wie du das Glück in ihrem Leben suchen. Und letztendlich Rücksichtnahme gegenüber dem größeren Plan, der sich unausweichlich vollzieht, letztendlich ist es Evolution.

Ihr erlebt jetzt, da die Zeit sich immer mehr verkürzt, sich die Dinge immer mehr beschleunigen, ein sehr großes Einströmen von Energien, aber auch von Erfordernissen, was die Zeit, das Leben, die Evolution, euch abfordert. Und ich möchte es noch einmal betonen, dass es für mich, Meister Laotse, sehr gut verständlich ist, habe ich doch auch viele, viele Leben als Mensch gelebt und daran noch sehr gute und tiefe Erinnerungen. Das ist es, was uns ganz besonders verbindet und mich glauben macht, und ich hoffe, du fühlst das ebenso, dass ich mich als dein Freund bezeichnen darf. Ich bin ein Menschenfreund.

Das Menschliche ist so wichtig zu dieser Zeit. Doch was ist Menschlichkeit? Menschlichkeit ist auch fühlen. Manches Mal vielleicht Schmerz, manches Mal Mitgefühl, manches Mal Trauer, Sehnsucht und vielleicht auch Ängste. Doch möchte ich versuchen, dir mit dieser Botschaft, die nicht nur und ausschließlich auf das derzeitige Geschehen auf Erden zugeschnitten ist, sondern sich weitaus größer und weiter fasst, diese Ängste ein wenig zu nehmen.

So höre: Du siehst und es ist in aller Munde, was geschieht. Menschen, die Grenzen überschreiten, Menschen, die oberflächlich betrachtet auf der Flucht sind. Menschen, die ihre Länder verlassen, Menschen, die zu euch kommen. Hast du dir vielleicht schon einmal Gedanken darüber gemacht, dass jenseits der oberflächlichen Gründe, die all das haben mag, etwas Tieferes dahinter steht? Warum wollen diese Menschen hierher zu euch? Vielleicht, weil sie glauben und spüren, dort etwas zu finden? Vielleicht ist es durchaus im Bewusstsein und in den Gedanken dieser Menschen, dass sie dort ein besseres Leben finden. Und es ist auch wahrscheinlich, dass sie das vor allem im Sinne materieller und persönlicher Sicherheit empfinden. Doch was, wenn die Stimme ihrer Seele, die ausschlaggebend ist und die sie führt, ihnen zuflüstert: Gehe und finde das, was dir versprochen ist, dir und jedem Menschen auf Erden. Zum einen ist das ein Leben in Würde, ein Leben in Frieden, ein Leben in Gesundheit, doch zum anderen geht es noch viel tiefer. Es ist das Leben an sich, die Wirklichkeit und die Wahrheit. Es ist die Liebe. Diese Liebe, die ihr in eurem Kollektiv dort im Herzen des Kontinents von Europa aufgebaut habt über so viele Jahre, auch jene, die unermüdlich für das Licht und die Liebe wirken, zusammen mit uns, den hohen Lichtern, Felder der Energie erzeugt habt, die fast magnetisch und wie ein Sog diese Menschen zu sich rufen, sie in ihrer Seele berühren. Dort, wo Licht ist, dort möchte jeder Mensch hin. Dort, wo Hoffnung, dort, wo Zuversicht, dort, wo die Liebe in den Herzen der Menschen ist, dort zieht es sie hin. Und wenn du all das einmal auf dich wirken lässt, dann ist es doch eine Ehre, diese Menschen willkommen zu heißen. Sie wollen dir nichts wegnehmen. Sie wollen etwas mit dir teilen – ihre Sehnsucht, ihre Hoffnungen, ihre Wünsche. Und jene unter euch, die offenen Herzens sind, die auch ihre Seele spüren können, die werden nicht fragen: Warum? Sondern sie werden sehenden Auges ihre Arme ausbreiten.

Laotse möchte dir so gerne sagen, dass all das schon oft auf Erden geschehen ist. In vielen Epochen der Zeit haben sich Menschen auf den Weg gemacht, haben etwas gesucht und haben etwas gefunden. Diese Menschen, sie suchen dich, sie suchen deine Liebe. Grenzen spielen keine Rolle mehr. Grenzen, die Menschen errichtet haben.

Einst, am Anfang der Zeit, gab es einen Planeten. Alle Bewohner dieses Planeten fühlten sich als eins. Sie waren die Bewohner und tief mit dem Planeten verbunden. Und es gab keine Unterschiede. Es gab wohl sehr individuelle Wesen und doch fühlten sie sich wie eins. Über eine lange Zeit hinweg wurde das auseinander gerissen und als Dualität bezeichnet, was immer eins war und immer eins sein wird und jetzt in der Dualität, in eurer Realität angekommen ist, um sich wieder zu vereinen. So werden sich über einen längeren Zeitraum hinweg alle Rassen, alle Bevölkerungsgruppen, alle Nationalitäten miteinander vermischen und es wird das Bewusstsein eines Erdenbürgers entstehen. Länder wird es nicht mehr geben. Rassen werden ineinander aufgehen. Alle Grenzen werden fallen. Alle Grenzen, die die Menschen voneinander getrennt haben, auch die Barriere der Sprachen wird nicht mehr existieren. Doch wie soll es soweit kommen, wenn es nicht irgendwann einmal beginnt? Hinter den Kulissen hat es längst begonnen. Doch jetzt zeigt es sich auch auf der Bühne des Lebens und es wird, weil es Evolution ist, weil es Entwicklung ist, weil es die Rückkehr ist zur Einheit, auch nicht aufzuhalten sein.

Ich frage dich, warum gegen den Strom, der niemals seine Richtung ändern wird, anschwimmen? Warum sich dagegen auflehnen und in Widerstand gehen? All das erzeugt eine hinderliche Energie und es schürt noch weiter die Unsicherheit und Ängste, die Angst vor Veränderung, Ängste, etwas loslassen, etwas zu verlieren. Doch glaube mir, der Gewinn wird ein Vielfaches mehr sein als das, was du jemals wirst hergeben müssen. Es wird eine Welt in Einheit, in Frieden entstehen, ohne Bewertungen verschiedener Glaubensrichtungen, Bevölkerungen oder individueller Merkmale. Und doch wird jeder so sein wie er ist, einzigartig.

Viele Menschen können sich das zum jetzigen Zeitpunkt noch nicht vorstellen. Doch die Zeit wird es ihnen immer deutlicher vor Augen halten. Es ist ein Prozess, der andauert. Es wird jene geben, die noch lange an dem Alten festhalten wollen, an Traditionen, an kulturellen oder auch rassischen Unterscheidungen. Doch glaube mir, dieser Strom der Energie der Wirklichkeit und der Liebe wird davon unbeeindruckt seine Bahn ziehen und dich mitnehmen, einhüllen, geschützt und geborgen, wenn du es zulässt, wenn du Ja sagst in deinem Herzen, dich dorthin führen, wovon du immer geträumt hast.

Ich, Meister Laotse, ich sage dir, gebe dich hin, sei dabei, trage diese Vision von einer neuen, vereinten Welt, in der ihr euch als Erdlinge, oder wie immer ihr euch dann bezeichnen werdet, einem größeren Bund von Planeten öffnen werdet, mit einer Stimme sprechen werdet, so wie ein Volk, wie eine Gemeinde, eine Gemeinschaft. Ihr werdet alle in der gleichen Sprache sprechen. Ihr werdet euch alle respektieren. Das ist Evolution. Denn was glaubst du? Wohin sollte Evolution sonst führen? In den Niedergang? Das ist unvorstellbar und nicht möglich. Letztendlich bringt Evolution euch dorthin zurück, von wo ihr gekommen seid, zu eurem Schöpfer und zum göttlichen Licht in euch.

Und obwohl dieser Weg zurück zum Ursprung noch ein sehr langer ist, ist doch jetzt euer Planet, euer Kollektiv der Menschen, auf einem direkten und schnellen Weg zur Ursprünglichkeit eures planetaren Bewusstseins. Ihr erlebt im Moment die Quintessenz aller Zeitepochen, so wie dieses Leben, diese Inkarnation jetzt, die du hier auf Erden lebst, die Quintessenz all deiner Leben ist. Aus dieser Quintessenz entspringt eine neue Quintessenz. In einem sehr kurzen Zeitraum spielen sich dieselben Entwicklungsmuster noch einmal ab, sehr komprimiert und sehr kraftvoll. Mit jedem Abschluss eines Zyklus bewegst du dich, und nicht nur du, sondern das Kollektiv der Menschen, auf einen höheren Abschnitt, der sich wiederum in der Beschleunigung der Zeit verdichtet. Und es verfliegen für euch die Jahre und die Monate wie zuvor Jahrzehnte. Es wird so sein, dass sich innerhalb von Minuten, von Stunden oder Tagen Dinge verändern, grundsätzlich, die sich vorher über Äonen oder über Tausende von Jahren nicht verändert haben.

Das ist eine enorme Herausforderung. Wir wissen das. Doch nicht wir, wir auferlegen euch das nicht. Wir beobachten das Geschehen und wir unterstützen euch in Wort und Tat. Wir senden euch die Liebe und Zuwendung, Geborgenheit und Zuversicht. Doch wir können diesen Weg nicht für euch beschreiten. Doch ist es ein Appell von mir, Laotse, im Namen aller hohen Lichter im Universum: Findet zueinander, blickt euch in die Augen, versetzt euch in die Lage des jeweils anderen. Versucht zu fühlen, wie es ihm geht und was er fühlt und was er braucht. Und dieser Mensch wird in seinem Herzen berührt sein. Niemals wird er dir etwas Böses wollen. Er wird dir dankbar sein und du wirst ihm wiederum dankbar sein, dass er dir diese Liebe spiegelt. Du wirst dankbar sein, dass du diese Möglichkeit bekommst, in so kurzer Zeit so viele Strukturen der Härte, des Kampfes, des Widerstandes, des Egos aufzugeben, um zu fühlen, mitzufühlen, Loyalität zu fühlen, um das Goldene Zeitalter einzuläuten.

Es gibt viele angstvolle Stimmen auf eurem Planeten, die meine Botschaft gerne widerlegen möchten, die dir sagen wollen: Schau dir die Realität an, dann siehst du dass das nur Träume sind. Doch ich sage dir mit aller mir innewohnenden Klarheit, Kraft und Liebe: Höre nicht auf diese Stimmen. Denn sie manifestieren genau das, was sie dir als Realität verkaufen wollen. Die wahrhafte Stimme in dir sagt dir: Du bist göttlich. Du bist Schöpfer. Du erschaffst die

Welt von morgen. Mit deinem Glauben, deiner Hoffnung, deiner Zuversicht – mit deinen Gedanken. Lass diese ängstlichen Stimmen nicht dein Herz vergiften.

Es mag sein, dass vieles auf eurem Planeten, wie ihr es kennt, aufhört zu existieren, dass viele alte Strukturen und Werte zusammenbrechen, um dieser neuen, großen Vision Platz zu machen. es mag sein, dass es Tage geben wird, an denen es nicht einfach ist. Und doch werdet ihr es gemeinsam schaffen. Stele dir vor, wenn ein Kind sich ankündigt und eine Frau damit schwanger geht, so gibt es in dieser Schwangerschaft Auf und Abs, wo sich das Kind im Bauch der Mutter fühlt, wie sich die Mutter fühlt. Doch es kommt unweigerlich der Moment der Wahrheit. Wenn die Wehen einzusetzen beginnen, wenn der Bauch zu beben beginnt, wenn die Fäuste des Kindes von innen klopfen und signalisieren: Ich bin bereit. Und jeder weiß, dass es dann für kurze Zeit einmal schmerzhaft werden kann. Dieser Schmerz, den eine Mutter fühlt, wenn sie ihr Kind gebiert, ist auch ein Schmerz des Loslassens. Etwas, das gemeinsam gewachsen und verwachsen ist, was Sicherheit und Geborgenheit gegeben hat, verändert sich jetzt von einem Moment auf den anderen, und ebenso fühlt das Kind. Doch ist es der Mutter bewusst und auch dem Kinde in seiner Seele, dass es keine andere Möglichkeit gibt. Wenn dann das Kind das Tageslicht erblickt, ist alles gut. Kein Gedanke an den Schmerz wird zurückbleiben und es ist nur noch Freude. Und so steht ihr bereits in einem vehementen Schub der Wehen. Es wird wohl noch einige dieser Schübe geben, die euch Schmerz bereiten, je nachdem, ob ihr bereit sein, ruhig zu bleiben, zu atmen, den Fluss der Energie, den Atem Gottes, durch euch hindurch fließen zu lassen, oder ob ihr euch verkrampft und dagegenpresst. Je mehr ihr bereit seid loszulassen, mit den Veränderungen zu gehen, umso weniger schmerzvoll wird es sein. Immer auch in der tiefen Zuversicht und im Vertrauen, dass ein Kind, etwas Neues, geboren wird, dass eine Geburt nicht das Ende, sondern ein Neubeginn ist, wird es euch die Kraft geben, vorauszublicken, einander zuzuhören, einander in die Arme zu nehmen und gemeinsam zu tun, was getan werden muss, um das Neue zu errichten.

Alles wird wieder eins werden. Doch es wird aus der gefühlten Einheit heraus entstehen. Es wird kein Frieden sein, der darauf basiert, dass man trotz aller Differenzen seine kriegerischen Handlungen beendet hat, es wird tiefer Frieden in den Herzen und Übereinstimmung herrschen.

Das ist es, was wir meinen, wenn wir sagen, ihr und euer Planet werdet nach Hause zurückkehren, dorthin, wo alles begann, dorthin, wo ihr euch noch nicht als getrennt wahrgenommen habt, sondern als liebende Einheit.

Ich, Meister Laotse, habe heute einmal nicht auf Fragen geantwortet, die gestellt wurden, sondern auf jene Fragen eurer Zeit, die euch alle beschäftigen und noch für einige Jahre beschäftigen werden. Wir sind immer bei euch. Immer, immer. Doch wenn du uns rufst, dann dürfen wir noch ein Stück näher an deine Seele heran. Wenn du die tiefe Ruhe und die Kraft spüren möchtest, dann rufe mich, Laotse, und ich bin mit meiner gebündelten Liebe bei dir.

Voller Liebe und voller Dankbarkeit
Dein Laotse

Laotses Live-Ticker – Botschaft Nr. 14

Sehkraft der Augen – In der Anpassungsphase
Das Sehen der Seele – Was dir deine Seele im neuen Zyklus zeigt
Die Fülle als Strom der neuen Zeit
Manifestation der Fülle nach den neuen Gesetzmäßigkeiten
Symptome wie Vergesslichkeit und Demenz

Meine lieben Freunde des Lichtes, mein lieber Freund der Liebe. Ich bin der alte Meister Laotse und ich spreche in dieser Phase des Zyklus der neuen Zeit zu dir und überbringe diese Botschaft gerade jetzt, weil etwas Neues beginnt. So begrüße ich dich aus der Tiefe meines Herzens.

Etwas Neues beginnt, ein neuer Zyklus, ein neuer Abschnitt, der ebenso wie ein neues Erdenjahr nicht nur dich betrifft, sondern alle Menschen. Doch es betrifft auch dich ganz besonders, denn da wo sich Veränderung zeigt, hat es immer auch mit etwas in dir zu tun.

So möchte Laotse auf eine Frage eingehen, die gestellt wurde. Es ist eine sehr gute Frage, die sich mit Sicherheit sehr viele Menschen auf Erden stellen und wofür sie ganz nach Menschenart Erklärungen zu finden suchen. Manches Mal sind es sehr geradlinige, wissenschaftliche Begründungen. Manches Mal sind es geistig spirituelle Erklärungen von Menschen, die sich entwickeln, die erkannt haben, dass hinter den Dingen mehr steht, als auf den ersten Blick ersichtlich ist. Doch immer möchte der Mensch für das, was passiert, eine Erklärung haben. Doch eine Erklärung reicht nur sehr selten aus für solch ein Geschehen.

Die Frage, die gestellt wurde, lautet:

Warum so viele Menschen in dieser Zeit auffallend mit ihren Augen, wie sie es wahrnehmen, Schwierigkeiten haben, weil sie schlechter sehen in nah oder fern und was es damit auf sich hat.

Ich möchte dir eine Erklärung der neuen Zeit geben, des neuen Zyklus. Es geschieht so vieles im Außen. Es werden euch so viele Bilder gezeigt von dieser Welt, wie sie sich zeigt, was auf dieser Bühne des Lebens vor sich geht. Es soll der Eindruck vermittelt werden, dass sich alles im Ärgsten befindet. Und wenn du das mit deinen Augen betrachtest, dann dringt es natürlich auch in deine Seele ein und du ziehst diese Gedankenformen, die Angst, die Sorge darum, dass es so sein könnte, in dich hinein. Ja, manche Menschen nehmen es sogar eins zu eins für wahr, so wie es ihnen gezeigt wird.

Doch deine Seele, sie hat längst erkannt und kennt den Weg, wohin deine Reise dich führt, wohin die Reise der Menschheit euch alle führt, dass ihr euch in einem unglaublichen, zugegebenermaßen turbulenten, Entwicklungsprozess befindet, der sich jetzt immer mehr beschleunigt. So möchte deine Seele dir sagen: „Halte inne, blicke nach innen, erkenne das Wahre in dir." Immer mehr Menschen beginnen auf Seelenebene zu erwachen, und auch wenn sie es selbst vielleicht mit ihrem Verstand, ihrem Geist noch nicht erfassen können, greift doch die Seele sehr oft zu diesen Maßnahmen. Manches Mal möchte dir die Seele etwas zeigen oder auch etwas nicht mehr zeigen. Du kannst dir sicher sein, dass wenn die klare Sicht verschwimmt vor deinen Augen, wenn dein Augenfokus sich etwas verändert, dass es damit zu tun hat, dass du in deine Seele hineinblicken sollst, dass du nicht mehr so sehr auf das Außen schauen sollst, was sich dir gezeigt und dir gezeigt wird. Denn dort, und das ist die Botschaft, die für den Moment von mir überbracht werden soll, findest du die Wahrheit.

Es ist ein großes Ausmaß an Fülle am Entstehen. Doch das Weltenbild, das zeigt dir in erster Linie noch den Mangel.

Doch was ist deine Seele? Was wünscht sich deine Seele? Sie wünscht sich, das zu sein, was sie ist. Sie ist voll von bunten Möglichkeiten von Farben, von Fähigkeiten, voller Zugänge. Sie ist voll Fülle. Denn deine Seele beinhaltet das Göttliche. Und diese Fülle möchte in diesem neuen Zyklus ganz zum Ausdruck kommen. Da alles miteinander zusammenhängt, alles holografisch miteinander verbunden ist und aus einem höheren Blickwinkel selbst das, was unmöglich scheint, für euch, für dich auch einen Sinn machen kann, kann es durchaus Sinn machen, noch einmal Mangel zu erleben. Kann es Sinn machen, dich mit Mangel auseinanderzusetzen, auf dass der Gegenpol, die Fülle, von dir so sehr herbeigesehnt wird und dann endlich nicht von außen, sondern sich von innen, von innerhalb deiner Seele zeigen darf. Je mehr Menschen diese Fülle in sich spüren und zeigen, um so mehr manifestiert sie sich im Kollektiv auf dem gesamten Planeten, der in neuen und höchsten Tönen schwingt.

Laotse möchte, weil das auch etwas mit Manifestation von Fülle im neuen Zyklus zu tun hat, dir diese Töne nicht vorenthalten. Wir rufen den Planeten Erde ***Solvana.*** Die Laute dieses Wortes, diese Töne, verbunden mit deinem Energiesystem und deinem Wurzelchakra, erzeugen Fülle.

So haben in der Vergangenheit sehr viele Menschen Fülle auf unterschiedlichen Ebenen erzeugt. Doch nehmen wir einmal die materielle Ebene. Sie mussten dazu nicht in besonderer oder liebevoller Weise mit den Klängen des Planeten verbunden sein, sie mussten auch nicht spirituell in sich erwacht sein oder die Liebe in ihren Herzen tragen. Doch die Gesetzmäßigkeiten haben sich mit Beginn des neuen Zyklus geändert. Und so wird jetzt nach und nach Fülle zu erzeugen nur für jene möglich sein, die sich in Zugewandtheit zu ihren inneren Schätzen, zu ihrer Seele und zum Planeten und dessen Seele befinden. Es ist so wie ihr dieser Tage nach dem Sonnenjahr gerade die kürzesten Tage und die längsten Nächte erlebt und sich der Prozess doch bereits umgekehrt hat, die Tage mit jedem Atemzug länger werden, so ist es auch mit dem neuen Zyklus. So ist es auch mit der Entstehung der Fülle. Fülle kann auf jede Energie angewandt werden, Fülle an Liebe, Fülle an Freiheit, Fülle an materiellen Dingen, die du brauchst für dein Leben. Fülle an Frieden und Fülle an innerer Einkehr, an innerer Hinwendung zu dir selbst, zu deiner Seele. So hat eben dieser Prozess mit dem neuen Zyklus nun begonnen, lasse dich tragen von dieser Energie.

Und wenn du manches Mal die Bilder der Illusion des Außen nicht mehr so genau und scharf erkennen kannst wie früher, sorge dich nicht. Soweit es möglich ist, verwende auch keine Hilfsmittel wie Gläser. Und ich sage das bewusst: soweit es möglich ist. In manchen Bereichen brauchst du diese Klarsicht vielleicht. Doch genieße es auch, wenn du in die Natur hinausgehst, diese klare Sicht nicht zu haben. Denn gerade dort ist der Zugang so leicht zu der besonderen und mystischen Welt, die mit deiner Seele in direktem Kontakt steht. Dort kann es sehr hilfreich sein, die Dinge von einem anderen Blickwinkel aus wahrzunehmen, nicht so sehr auf die Dinge wie sie scheinen zu achten, sondern immer mehr den Fluss der Energie und die Wahrheit und Wirklichkeit, dass alles Energie ist, die in Bewegung ist, wahrzunehmen. Habe den Mut und erlaube dir diese Gedanken, dass du dich weiterentwickelst, dass, wenn dein Körper dir so etwas zeigt wie eine Verminderung der Sehkraft, nennen wir es einmal so, dir deine Seele im Gegenzug dazu Fülle schenken möchte, eine Fülle des Sehens der Dinge, wie sie wirklich sind. Auf dass du erkennst, dass auch du nicht fest, sondern Energie bist. Energie, die geliebt werden will, wie jede Energie, um sich nähren zu können.

Wenn du mit diesem Blick den beginnenden Zyklus betrachtest, wirst du allerorts bei allen Menschen zunehmend feststellen, dass sie anders schauen, dass sie andere Eindrücke haben. Dass immer mehr ihre Fähigkeiten zum Ausdruck kommen, dass sie vielleicht auch manches Mal verwirrt sind ob dieser Wahrnehmungen und Fähigkeiten, auch wie man ein Gegenüber wahrnimmt. Wenn du einem Menschen gegenüberstehst und ihn nicht siehst, ihn nur sprechen hörst und fühlen musst, um ihn wahr zu nehmen, dann kannst du dir vorstellen, dass das eine völlig neue Art für die meisten Menschen ist, die Dinge wahrzunehmen. Denn die Menschen fühlen mehr denn je. Und manche versuchen sich derzeit mehr denn je dagegen zu verschließen, weil es ihnen Angst macht. Doch du bist weise genug zu wissen, dass das auf Dauer nicht möglich ist, und wirst dich deshalb nicht verschließen.

Ich möchte trotzdem auch sagen, dass es natürlich noch bei Menschen auch noch Erkrankungen der Augen gibt oder des Körpers, doch das ist immer weniger der Fall, angesichts der Häufigkeit der Beschwerden. Bei den meisten Menschen und gerade da, wo du feststellst, dass es sich sehr häuft, sind es kollektive und auch positive Entwicklungen. Doch fällt es den meisten schwer, das so anzunehmen.

Auch die zunehmende Vergesslichkeit, vor der ihr so Angst habt, vor Demenz und völligem Identitätsverlust, es ist eine Energie, die über das Kollektiv der Menschen kommt, zu vergessen. Die Gehirnstruktur verändert sich. Viele Synapsen werden abgetrennt, um neue Verbindungen zu schließen. All das hat einen höheren Sinn, doch bringt es vorübergehend auch diese Verwirrtheit mit sich. Gerade dann, wenn man nicht weiß, was dahintersteht. Doch du, der du diese Botschaft nun vernommen hast, du weißt es nun und kannst andere Menschen auch beruhigen und ihnen diese Botschaft überbringen. Gelassenheit und innere Aufmerksamkeit ist das Wichtigste, sein Licht leuchten zu lassen und Fülle zu denken, zu fühlen, zu erleben und gemeinsam zu erschaffen. Begebt euch auf diesen Strom der Energie, der Ausdehnung. Es werde Licht. Es ist Licht. In dir und auf Solvana.

Mir, Meister Laotse, war es wie immer eine tiefe Freude, dir diese Botschaft überbringen zu dürfen. Mögen es nur ein paar Worte sein, die gerade dich in deinem Herzen berühren, die genau in dir ein ***Aha*** oder ein Gefühl der Ruhe und Gelassenheit bewirken, dann tanze ich, Laotse einen Tanz der Freude und stimme das hohe Lied der Liebe an mit den Engeln, die so zu euch schauen und immer bei euch sind. Du bist nie alleine.

Laotse sagt dir Danke in der lichten Sprache: ***An'Anasha.*** Das ist Dankbarkeit in ihrer reinsten Form. Es bringt, wenn du dieses Wort verwendest, diese Energie in deiner Seele zum Fließen.

An'Anasha

Laotses Live-Ticker – Botschaft Nr. 15

Erfüllen von Herzenswünschen
Glauben an Wunder
Manifestation durch kindliche Einfachheit
Wie Naturgeister dabei helfen
Ein Ritual zur Wunscherfüllung

Mein lieber Freund, meine liebe Freundin des Lichtes und der Liebe, voll tief empfundener Freundschaft und Freude begrüße ich, Laotse, dich wie schon so oft, doch immer wieder von Neuem auf die gleiche liebevolle Art, tief mit dir und deiner Seele verbunden. Und es ist mir ein so großes Anliegen, dir heute einen ganz besonderen Wunsch zu erfüllen. Es ist der Wunsch deiner Seele nach dieser Botschaft. Es ist der tiefe Herzenswunsch, den du in dir trägst, den deine Seele hegt, dass all das, was du dir in deinem Leben wünschst, sich dir zeigen möge. Dass all die Sehnsüchte zur Erfüllung kommen, die eigentlich viel weniger deinem Verstand entspringen als der Tiefe deiner selbst.

Erinnere dich, wie war es denn, als du Kind warst? Welche Wünsche hast du in dir getragen? Und auf welche Art hast du gewünscht? War es nicht so, dass es für dich bis zu einem gewissen Alter ganz normal war, ja real, dass das, was du in deinem Herzen trägst, sich erfüllen kann, dass diese Vorstellung so nahe war? Manches Mal sogar so nahe, dass, wenn es nicht in Erfüllung gegangen ist, du zutiefst enttäuscht und traurig warst. Sicherlich haben dich im Laufe der Zeit diese Erfahrungen, in denen deine Wünsche nicht in Erfüllung gegangen sind, dazu geführt, dass du den Glauben daran verloren hast, dass so etwas möglich ist. Ganz sicherlich haben auch andere Menschen dir das bestätigt. Vielleicht wurde dir gesagt, dass du nicht alles haben kannst oder dass Träume von Wünschen Schäume wären? Vielleicht wurde dir auch gesagt, dass du es nicht wert bist oder es nicht verdient hast, dass deine Wünsche in Erfüllung gehen, dass man sich alles im Leben hart erarbeiten muss? Aussagen dieser Art gibt es zuhauf. Doch Laotse möchte dir ganz feierlich verkünden, und du ahnst es ganz tief in dir, dein inneres Kind weiß es besser, weiß, dass das nicht wahr ist.

Manche Leute sagen, um solche Dinge wie Wunder geschehen zu lassen, muss man daran glauben, muss man an so vielerlei glauben, an die Engel oder an Gott. Sie sagen es mit einem höhnischen Unterton in ihrer Stimme, als wäre es nur eine billige Vorstellung, wieder nur einer von jenen Träumen, die nicht möglich sind. Glauben ist ein Wort, das zu eurer Zeit und in eurer Gesellschaft immer den Beigeschmack des Unwirklichen hat.

Doch Laotse sagt dir, das Gegenteil ist der Fall. Nichts ist wirklicher als die Fantasie, die Vorstellung, der Glaube. Wenn ein Kind so fest daran glaubt, dass etwas wahr werden kann, und sich nicht davon abbringen lässt, dann stehen die Chancen sehr, sehr hoch, dass es sich erfüllt. Manches Mal nicht sofort und manches Mal auch etwas anders. Doch wenn ein Menschen dann in der Lage ist, die Erfüllung, das Geschenk anzunehmen und es zu genießen, dann wird er feststellen, dass es genau das war, was er sich eigentlich gewünscht hat. Manches Mal geht ein Wunsch auch nicht in Erfüllung. Doch das hat einfach damit zu tun, dass entweder deine Seele noch nicht dafür bereit ist oder es nicht wirklich deiner Seele entspricht und es auch nicht deiner Seele entspringt, sondern deinem Verstand. Das geschieht viel weniger oft bei einem Kind und viel öfter bei den sogenannten Erwachsenen. „Werde endlich erwachsen“, heißt mit anderen Worten auch, „vergiss dein inneres Kind“. Doch genau das ist es, was euer Leben oftmals so hart macht. Kinder sind glücklich, wenn man sie glücklich sein lässt. Sie sind frei, wenn man sie frei sein lässt. Doch ein erwachsener Mensch setzt sich selbst so viele Grenzen, obwohl er frei sein könnte – wenn er nämlich weiß, jede Entscheidung trifft er selbst, und es gibt immer eine Lösung und eine Möglichkeit, wenn man nur will, wenn man nur darauf vertraut, wenn man nur daran glaubt. Doch an diesem Punkt haben die meisten erwachsenen Menschen ihr inneres Kind und diesen kindlichen Glauben längst vergessen und ad acta gelegt. Sie erträumen sich etwas und denken sich: Ach, hätt ich doch nur, dann könnte ich. Doch auf die Art wird niemals ein Wunsch in Erfüllung gehen. Ein Wunsch geht dann in Erfüllung, wenn die Seele eines Kindes – und diesen Teil trägt jeder Mensch immer noch in sich – sich ganz fest etwas wünscht. Es gibt viele Wesen um euch, die ihr für gewöhnlich nicht sehen könnt. Da wäre ich als Laotse oder die Engel, wie dein Schutzengel, oder auch die Naturgeister ein Beispiel. Gibt es Elfen? Gibt es Zwerge und Feen? Manch einer wird sagen: Nun, wenn du daran glaubst. Und es wird wieder diesen Unterton tragen. Wenn du daran glaubst, dann kannst du Berge versetzen. Doch die Menschen wollen nicht glauben. Sie meinen sich damit lächerlich zu machen, wenn sie kindliche Vorstellungen in sich tragen. Doch und noch einmal, mit aller Beharrlichkeit und aller Liebe versichere ich dir, das ist der einzige Weg, um Träume und Herzenswünsche wahr werden zu lassen.

Es gibt Menschen, die haben sich dieses innere Kind und diese Einfachheit der Dinge bewahrt und vieles glückt ihnen einfach scheinbar wie von selbst. Solche Menschen stehen oftmals, auch ohne dass sie es wissen, in tiefem Kontakt mit jenen Ebenen der Wirklichkeit, die nicht für jedermanns Augen sichtbar sind – mit Wesen von großer Feinheit und in einer Lichtstruktur, die veränderlich ist, die sich sogar zeigen können, wenn sie großes Vertrauen spüren. Oftmals sehen viele Kinder und alle Tiere diese Wesen und es ist für sie selbstverständlich. Kinder sprechen mit solchen Wesen. Doch niemand glaubt ihnen das. Irgendwann verlieren sie diesen Glauben und irgendwann sind sie keine Kinder mehr. Dann sind sie erwachsen und die Härte des Lebens beginnt, wo es so scheint, als müsste man sich alles erarbeiten und wenn es sein muss, sogar auf eine rücksichtslose Art, weil es anders nicht möglich ist, sozusagen die Dinge erzwingen. Dadurch entsteht viel Leid und Bekümmertheit in den Seelen der Menschen. Sie fühlen sich alleine. Sie fühlen sich unter Druck. Sie fühlen sich dem nicht gewachsen oder sie entwickeln eine Energie, die alles daransetzt, sich ihr Leben so zu gestalten und sich ihre Wünsche auf diese Art zu erfüllen. Doch sie merken gar nicht, dass die Wünsche, die sie dann haben, gar nicht mehr die wahren Wünsche sind, und es bleibt immer ein fahler Nachgeschmack. Nicht wirklich ist das Kind in dir zufrieden. Herzenswünsche, die in Erfüllung gehen, sind tragend. Sie befriedigen dich und deine Seele zutiefst. Sie lassen Dankbarkeit in dir entstehen. Sie sind nicht einfach ein Konsumgut, über das du dich einen Tag lang freust und dann schon wieder etwas anderes, etwas Besseres haben willst.

Vielleicht konnte Laotse dir bis hierher darlegen oder vielleicht bist du versucht, meine Worte zu glauben, ihnen Glauben zu schenken, dass es die Möglichkeit gibt, dass du etwas vom Leben geschenkt bekommst, einfach so, weil es das Natürlichste von der Welt ist. Wenn du wissen möchtest, auf was das Leben und die Gesetzmäßigkeiten reagieren, dann sage ich dir, an erster Stelle auf ein kindliches Gemüt, das voller Vertrauen und voller Glauben ist, dass alles möglich ist. Das einen Wunsch aussendet, ein Bild, und bereits in diesem Bild und in der Erfüllung dieses Wunsches schwelgt, es schon erlebt, sich ganz, liebevoll und fast zärtlich damit verbindet und es zu einem Teil von sich selbst werden lässt. Ohne Angst, dass dieser Wunsch vielleicht verwehrt werden könnte. Denn wenn irgendeine Instanz in der Schöpfung dir einen Wunsch verwehren würde, wärest nur du selbst es. Zum einen wäre es möglich, dass du es dir deshalb verwehrst, weil du nicht daran glaubst, und zum anderen wäre es möglich, dass es die hohe Weisheit deiner Seele aus irgendeinem Grund, der jedoch nur zu deinem Höchsten und Besten ist, verwehrt. Doch erkenne auch, das ist kein Grund enttäuscht zu sein, denn das ist ein ebenso großes Geschenk, denn es ist zu deinem höchsten Wohle.

Nun möchte Laotse dich einladen, einmal in die Gefühlswelt deines inneren Kindes, auch des Kindes, das du einmal warst, einzutauchen. In diese Fantasie, in die Einfachheit der Dinge, die letztendlich die Wirklichkeit ist. Stelle dir vor oder tu es besser noch tatsächlich, begib dich in die Natur und mache dir bewusst, dass überall um dich herum Leben ist. Nicht nur das, was du siehst. Es sind energetische Wesen. Wenn ein Mensch in der Natur glücklich ist, dann sind es diese Wesen, die das bewirken, die das deiner Seele schenken, dir, den sie so lieben. Doch wenn du vielleicht kein Vertrauen darin hast oder nicht daran glaubst, dass es sie gibt, bleiben sie dir verborgen, denn sie brauchen diesen Glauben und das Vertrauen, um sich dir zeigen zu können. Doch wollen wir gar nicht so weit gehen, dass du dich unter Druck setzt, diese Wesen sehen zu müssen. Erlaube dir einfach, daran zu glauben, dass sie da sind. Sie können sehr viel für dich tun, zum Beispiel dir Wünsche erfüllen. Elfen und Feen ganz besonders. In diesem Bewusstsein und im Respekt und der Achtung vor diesen Wesen, wenn du dich in der Natur bewegst, kannst du einen Zettel, den du mit deinem Herzenswunsch beschriftet hast, vergraben. Vergrabe materielle Wünsche am Fuße einer Eiche und wenn es um Liebes- und Herzenswünsche geht, dann vergrabe diesen Wunschzettel unter einem Rosenbusch und bitte die Elfen, und vielleicht ist auch eine Fee in der Nähe, dir zu helfen, dass dieser Wunsch für dich wahr wird.

Ich sage dir, meine liebe Freundin, mein lieber Freund, die du vielleicht noch etwas ungläubig bist, was das betrifft: Würdest du alles, was du gelernt hast, was möglich ist und was nicht, jetzt über Bord werfen, würdest du darauf vertrauen, dass diese Wesen da sind und dass sie alles für dich tun, wenn du sie lässt, würde jeder deiner Herzenswünsche, wenn er mit deiner Seele in Übereinstimmung ist – und das sollte ein Herzenswunsch, der nicht im Verstand entspringt, eigentlich sein – unter Garantie und in gar nicht allzu langer Zeit in Erfüllung gehen, vielleicht sogar sofort. Die Relativität und die Beschleunigung der Zeit im neuen Zyklus wirkt sich sehr positiv aus auf Manifestationen dieser Art. Denn auch die Energien beschleunigen sich. Kannst du in deinem Kinderherzen Begeisterung spüren? Kannst du fühlen, dass alles möglich ist, dass alles möglich ist? Wenn du das kannst, wenn du es zulässt, wenn du es kultivierst und darauf vertraust, sage ich, Laotse, dir, wirst du ein sehr glückliches Leben führen können.

Die Zeiten sind nicht einfach, fürwahr, und doch werden sie nur dadurch schwieriger, dass die Menschen sich so viele Grenzen setzen und die Hoffnungslosigkeit in ihren Seelen und in ihren Gedanken überhand nimmt. Der Glaube daran, dass das Leben dir alles gönnt und dir alles zukommen lässt, wenn du darauf vertraust und es ihm erlaubst, ist die Voraussetzung für jedes Wunder. Wenn diese Gedanken wieder Einzug halten in dir, wirst du Wunder erleben.

Es war mir, Laotse, dieses Mal ein besonderes Anliegen. Denn genau diese Botschaften sind es, die euch wirklich weiterbringen. Natürlich tragt ihr viele Fragen in euch und meistens sind es Fragen, die das Außen betreffen. Doch letztendlich, wenn eine Frage beantwortet ist, entstehen zehn neue, da es bei aller möglichen Tiefe doch nur die Oberfläche betrifft. Das, was wirklich scheint und es nicht ist, das, was unerbittliche Realität bedeutet, ist das, was von oberflächlichen Gedanken ausgeht. Doch die Freundlichkeit des Lebens, des wahren Lebens, und jene Gesetzmäßigkeiten der Energie, die immer gültig sind, die ihr euch zunutze machen könnt mit einem Funken Liebe und Achtung vor diesen Energien, das sind die wahren Geschenke. Das sind die wahren Antworten, die dir Glück und Erfüllung verheißen. Nimm sie an.

Was soll ich dir mehr sagen, als dass ein Freund es dir gönnt, dass ich mir nichts sehnlicher wünsche, als dass du glücklich bist. Mein liebes Herz, meine liebe Kinderseele, erblühe in der Liebe, denn alles Wahre und Wirkliche entspringt daraus und alles Wahre und Wirkliche führt dorthin.

Ich bin Laotse, der alte, weise Meister oder doch der freudige Jüngling, ganz wie du möchtest. Auch das ist wahr. Ich kann alles sein. Doch immer werde ich ein Ausdruck der Liebe sein, dir zugewandt, dich unterstützend und voller Hochachtung, denn ich weiß, wer du bist. Ich sage dir: Gott zum Gruße.

In Liebe, *Laotse*

Laotses Live-Ticker – Botschaft Nr. 16

Menschen mit Behinderung
Heilbehandlung und Gesundheit
Sexualität & Partnerschaft
Ernährung von Kindern
Kontakt zu Verstorbenen
Tiere, die leiden, und Tiere, die uns leiden machen
Berufe der Neuen Zeit – Geld und Wirtschaft
Religionen – Zukunftsaussichten

Liebe Freundin, mein lieber Freund auf Erden, auf dem Planeten Solvana. Ich begrüße euch, dich, wie immer zutiefst verbunden mit deiner Seele, zutiefst verbunden mit jedem von euch, der sich meiner Energie, meiner Liebe und meiner Botschaft öffnet. Ich bin Laotse, der Alte Meister, und voller Freude bin ich in meinem Tun. Bei euch bin ich nun und ich bin bereit, viele Fragen zu beantworten. Nicht nur Fragen, die ich in euren Lichtkörpern lese, sondern Fragen, die ganz unmittelbar gestellt wurden, im Laotse Live-Ticker. So werde ich ganz unumwunden und unmittelbar auf diese Fragen antworten.

Was hat es mit sogen. „Behinderungen" bei Menschen auf sich? Also Menschen, die anders sind als die meisten anderen. Die ein körperliches Gebrechen oftmals schon seit ihrer Geburt tragen. Ob diese Menschen und ihre Behinderungen etwas damit zu tun haben, dass Kriege auf Erden stattfanden und sie wiedergeborene Seelen sind und euch jetzt etwas aufzeigen sollen? Oder vielleicht sogar ob sie schweres Karma tragen aus den Zeiten von Kriegen?

Ich sage euch: Es gibt immer Ausnahmen, doch grundsätzlich lautet die Antwort darauf: Nein. Aus vielerlei Gründen entscheidet sich eine Seele, so in die Welt zu treten, wie sie es tut. Ganz oft ist es so, dass sie den Menschen zeigen will, was es auch benötigt für ein menschenwürdiges Leben –Hinwendung, Liebe, den Mut, das Anderssein anzunehmen. Zudem hat auch jede Seele einen ganz eigenen, persönlichen Plan. Meistens wollen diese Seelen eine ganz besondere Erfahrung machen, die für sie sehr wertvoll ist. Auch wenn das für euch, von außen betrachtet, oftmals nicht so scheint. Ja, es gab sogar Zeiten, und es gibt sogar Menschen, die so denken, als wäre das kein menschenwürdiges Leben, kein vollwertiges Leben. Doch steckt so viel mehr dahinter, als ihr erblicken könnt. Ihr seid aufgefordert, Andersartigkeiten mit Liebe zu betrachten. Auch nicht mit Mitleid, sondern mit Mitgefühl. Mitgefühl bedeutet immer, dass du einer Menschenseele zutraust und auch zugestehst, dass sie das, was sie trägt, was sie sich auf einer höheren Ebene bewusst gewählt hat, auch tragen kann. Und es gibt eine ganz besondere Art von Menschen unter euch, die die reine Liebe sind, ja engelsgleich. Auch sie würdet ihr vielleicht als behindert einordnen. Es sind jene Menschen, die das sogen. Down Syndrom tragen. Ihr Verstand ist dabei so weit in den Hintergrund getreten, dass sie nur fühlen, alles über das Herz wahrnehmen. Das ist zwar auch ein einseitiger Zustand für ein Leben in der Dualität, und doch könntet ihr euch daran in gewisser Weise öfter ein Beispiel nehmen. Wie unmittelbar diese liebenswürdigen Menschen das Leben wahrnehmen, fern von Argwohn und Verstandestreue sind sie ihrer Seele treu. Es sind dies hohe Lichter, die das erste Mal in einem physischen Körper inkarnieren. Ferner beherrschen sie diesen physischen Körper noch nicht so ganz. Doch sie sind am Üben und sie haben eine große und ungetrübte Freude in sich. Selig sind sie und gesegnet.

Dann möchte Laotse noch auf eine weitere Frage, was Gesundheit und Krankheit angeht, eingehen.

Warum so viele Menschen derzeit – und oftmals gerade die, die auch als Lichtarbeiter bezeichnet werden – so spürbar Symptome tragen?

Nun, im Ganzen trägt jeder Mensch auf Solvana Lichtkörpersymptome. Sehr oft ist es keine Krankheit, sondern mangelnde Erdung und mangelnde Freude am Leben. Es geht um die Freude im Leben, das ist so wichtig für deine Seele. Und gerade dein inneres Kind und dein 2. Chakra brauchen so viel Energie, und die Energie der Freude ist die Hauptenergie, die benötigt wird. So geht es oftmals gar nicht um Heilung, was immer sich der Mensch auch unter Heilung vorstellt – es geht um Erdung. Man könnte auch sagen, Erdung ist gleich Heilung. Auch viele Lichtarbeiter nehmen das immer noch nicht so besonders ernst. Wichtig ist, Freude am Leben zu haben – zu singen, zu tanzen, Liebe zu machen – und, eine sehr gute Energie ist die Elise-Energie, die voller Kraft und voller Freude ist und tiefe Erdung bewirkt. Mit ihr verbunden, können Symptome oftmals erst wirklich gehen. Die Elise-Energie ist eine goldene Lichtenergie. Du kannst sie rufen, dich öffnen dafür, für das Leben. Spüre, wie sie einfließt in deine Seele und tanzt. Und dann tue es ihr gleich. Auch gehört zur Freude des Menschenlebens eine gelebte und ausgewogene Sexualität. Auch das ist etwas, was die Energie in deinem 2. Chakra sehr stark ausdehnt und nährt. Die menschliche, partnerschaftliche Liebe, sie verändert sich sehr derzeit. Partnerschaften gehen auseinander, Wege trennen sich, und oft ist auch die Sexualität ein ausschlaggebender Grund dafür. So entwickelt sich zu dieser Zeit jeder Mensch unterschiedlich. Bei manchen ist das tiefe Bedürfnis nach einer zärtlichen und erfüllenden Sexualität sehr ausgeprägt. Andere leben die Sexualität noch sehr angebunden an das kollektive Bewusstsein. Doch ist es auch sehr schwierig, einen anderen Menschen von der Art der neuen Liebe und Sexualität zu überzeugen. Jeder Mensch, jede Seele wird in diesen Prozess des Erkennens und Annehmens hineingeführt. Doch jeder Mensch durchläuft das in einem eigenen Rhythmus und Zyklus seiner Seele. So findet sich das, was sich anzieht, und Beziehungen ordnen sich neu. Es ist nicht möglich zu sagen, an welchem Partner es liegt. Gerade die Sexualität ist etwas, das auf gleicher Ebene stattfinden muss, um erfüllend zu sein. Manchmal finden Paare auch nach und nach zueinander in der Sexualität. Dabei ist es wichtig, aufeinander einzugehen, sich einzufühlen und jeder einen Schritt zurück – aber auch einen Schritt nach vorn, auf den anderen zu zu machen. Doch nicht immer ist es für euch möglich. So sagt Laoste euch auch, die ihr davon betroffen seid: Habt auch den Mut, neue Wege zu gehen. Das Leben zu feiern, mit aller Freude und Hingabe, und habt den Mut, das zu leben, was in euch ist, jetzt, in dem Augenblick.

Und noch kurz einige Worte zu dem, wozu Sexualität sehr oft führt. Kinder. Und ihr, die ihr Eltern seid und euch oftmals so sehr sorgt, alles tun möchtet, damit eure Kinder es einmal besser haben in ihrem Leben als ihr, oder eben mindestens genauso gut, ihr strebt oftmals so sehr und manches Mal auch verbissen danach, eure Kinder fast schon zu Auserwählten in der Zukunft erziehen und schulen zu wollen, zu einer Elite. Doch ich sage euch, das ist nicht nötig.

Und nun zur Frage über die Ernährung von Kindern und dem Essen von Fleisch. Wenn du ein Kind ganz offen erziehst, es über Nahrung informierst und auch darüber, dass Fleisch von toten Tieren stammt, dann haben Kinder eine große Weisheit in sich, die den erwachsenen Menschen meist schon durch ihre Erziehung und ihre Vorstellungen von richtig und falsch abhanden gekommen ist. Da sie sehr wohl erfassen können, was das bedeutet, wenn ein Tier für sie stirbt, damit sie es essen können – lasse diesen Kindern die Wahl. Wenn ein Kind, auch wenn du dich vegetarisch ernährst, gerne hie und da Fleisch isst, dann vertraue auf die Weisheit seiner Seele, dass es das jetzt braucht. Versuche dem Kind weder ein schlechtes Gewissen noch Vorschriften zu machen, noch es zum Fleischessen zu zwingen. Auf diese Art entscheidet jeder Mensch, jede Seele, jedes Kind, wann der richtige Zeitpunkt ist, evtl. auf Fleisch zu verzichten. Stelle da die Freiheit an die oberste Stelle.

Und weil der Fluss des Lebens so ist, dass aus der Zweisamkeit etwas Drittes wird, eine Nachkommenschaft, und weil das Leben ein Werden und ein Vergehen ist, ein Kommen und ein Gehen, ein Geboren-werden und ein Sterben, soll unser nächstes Thema der Kontakt zu Verstorbenen sein. Es gibt immer Zyklen des Lebens, da wo etwas beginnt, und da, wo es sich wandelt. Diesen Wandel nennt ihr Sterben und fälschlicherweise auch oftmals den Tod. Doch einen Tod gibt es nicht. Es würde bedeuten, dass damit etwas endet – endgültig. Und obwohl etwas endet und ein Übergang stattfindet und etwas Neues beginnt, gibt es keinen Tod. Deine Seele, dein Lichtabdruck und die Muster deiner Energie bleiben erhalten.

Kontakt zu Verstorbenen kann in etwa seit dem Jahr 2003 nicht mehr aufgenommen werden – weil alle Seelen sofort in die Hallen von Shambala gebracht werden. Der astrale Bereich, den es so lange gab, der wie ein Gürtel um den Planeten lag, wurde damals aufgelöst und eine Vereinbarung wurde getroffen. Das war notwendig im Zuge des Erwachens des Planeten und der Menschen. Nun könntest du sagen, kennst du so viele Beispiele, die etwas anderes zeigen. Darauf antworte ich, Laotse, dir, dass so wie früher manche Medien unmittelbaren Kontakt zu Verstorbenen hergestellt haben, von denen die Seelen noch in diesem astralen Bereich verblieben waren, diese Medien jetzt Kontakt zu zurückgelassenen Spuren, zu den energetischen Mustern haben. Diese Muster sind wie eine Erinnerung, denn nichts endet. Diese Muster gehören zur Akasha Chronik des Planeten. Dort werden diese Muster oftmals angezapft, und sie beinhalten sie vieles, was täuschend ähnlich ist, als würde eine Seele unmittelbar antworten. Je mehr ein Mensch Energie in diese Muster gibt, desto mehr kann es sich sogar lebendig anfühlen. Doch noch einmal sagt Laotse dir: Ein direkter Kontakt zu Verstorbenen ist nicht mehr möglich. Wenn du etwas über die Seele in Erfarung bringen möchtest, gibt es die Möglichkeit, den Schutzengel dieser Seele zu rufen – oder Jesus den Christus. Diese Instanzen können Einblick halten in die Hallen von Shambala und dir Auskunft geben.

Doch werden die Botschaften, die dich dann erreichen, nur Botschaften des Lichtes und der Liebe sein und keine Erdenthemen enthalten. Diese Seelen senden dir dann indirekt, wenn sie sich nicht gerade erholen, immer eine Energie des Friedens, der Dankbarkeit und der Liebe.

Und wieder einmal soll es, und da antworte ich sehr gerne darauf, um Tiere gehen. Warum müssen Tiere so leiden, derzeit auf eurem Planeten? Ich kann euch sagen, das wird sich verändern. Doch sie leiden, weil die Menschen sie gebrauchen, sie verwenden, als wären sie etwas lebloses, etwas gefühlloses. Je mehr Menschen erwachen, umso mehr wird sich das verändern. Halte noch etwas aus, du mitfühlender Mensch, der diese Wesen so liebt. Höret auch zu jenen Tieren die Botschaft, die euch manches Mal etwas quälen, Plagegeister und Blutsauger, die es zu allen Zeiten, auch zu meinen Zeiten auf Erden gab. Irgendwann, und auch da bitte ich euch noch um etwas Geduld, am Ende dieses Zyklus, der jetzt begonnen hat, werden sie entscheiden, sich von eurem Planeten zurück zu ziehen. Das wird auch dann sein, wenn ihr als Kollektiv euch endgültig dazu entschieden habt, andere Menschen und Tiere auch nicht mehr zu quälen. So werdet auch ihr frei sein von diesen Plagen. Diese kleinen Tiere können sich auf eurem Planeten nur halten, solange ihr die aussaugende und plagende Energie aufrecht erhaltet.

Lieber Laotse: Sind all die Ausbildungen, die Schulungen, die Berufe der Neuen Zeit, die wir erlernt haben, überhaupt noch wichtig nach dem sogen. Aufstieg.

Ich sage euch, ihr seid bereits in der neuen Zeit. Diese Berufe, die eure Fähigkeiten schulen, sind wichtiger als jemals zuvor. Sehr viele Menschen werden das in Anspruch nehmen. Es wird eine Zeit kommen, wo Ruhe einkehrt und die Menschen zur Besinnung kommen. Dann werden diese Berufe und deine Fähigkeiten voll und ganz zum Tragen kommen. Wenn du dir diesen Zyklus vor Augen hältst, von dem ich gerade gesprochen habe, in dem die Qual und das Leid für

Tiere, aber auch für die Menschen zu einem Ende finden wird, wird für diesen ganzen Weg lichtvolle Heilarbeit immer gebraucht werden – und somit du, der dies im Dienste für die Menschen tut.

Laotse möchte an dieser Stelle gleich überleiten zum Thema Fülle und Geld. Ich möchte es immer wieder sagen, denn es ist von so großer Bedeutung. Die zweithöchste planetare Gesetzmäßigkeit auf eurem Planeten, nach der Unantastbarkeit des freien Willens, ist der Ausgleich von männlicher und weiblicher Energie, von Nehmen und von Geben. So ist es immer richtig und gut, wenn ein Mensch etwas von sich gibt, und sei es seine persönliche Aufmerksamkeit und somit seine Zeit einem anderen Menschen zur Verfügung stellt, z.B. durch Heilarbeit, dass ein Ausgleich vonstatten geht. Und da ihr immer noch, doch vielleicht gar nicht mehr so lange – Geld als Tauschmittel verwendet, kann es auch Geld sein. Es gibt keinerlei Bewertung darauf. Nehmt, wenn ihr euch auf der materiellen Ebene Fülle erzeugen wollt, jede negative Bewertung weg von der Energie Geld. Es ist eine Energie, die fließen soll, hin und her, gegeben und genommen werden soll. Wenn du dafür sorgst, dass du diese Energie ohne jede negative Bewertung fließen lässt, wenn du sie liebst, sie als ein Zeichen der Wertschätzung, wenn du sie gibst, einem anderen gegenüber und, wenn du sie nimmst, dir selbst gegenüber betrachtest, dann wird diese Energie auch dich lieben und dir zufließen. Und ja – du kannst dir Fülle erzeugen. Geld ist nicht begrenzt, Energie ist nicht begrenzt. Der Umsatz von Geben und Nehmen ist nicht begrenzt. Darum gibt es auch keinen Mangel. Es gibt nur die Fülle. Doch entscheidend ist, ob du dich in den Fluss der Energie und somit in die Fülle begibst und sie annehmen willst. Rufe den Aufgestiegenen Meister Seraphis Bey und die Energie der Fülle an. Sei bereit, alles zu geben und alles zu erhalten. Lasse alle Begrenzungen los, alles, was du gelernt hast, alles was Menschen dir erzählt haben über Geld, über Wert und Wertschöpfung. Du bist der Wert, der höchste Wert auf dem Planeten Solvana, auf dem du lebst. Dort wird es noch größere Veränderungen geben als bisher. Eure wirtschaftlichen Systeme werden zusammenbrechen. Doch glaube mir, der Ausgleich von Geben und Nehmen, diese Gesetzmäßigkeit wird bestehen bleiben. Es wird immer so sein, dass wenn du nicht bereit bist zu geben, du nichts erhältst, und wenn du nicht bereit bist anzunehmen, auch nichts zu geben hast. Ganz egal, was das Tauschmittel ist. Das gilt für jede Energie, auch für die Liebe.

Nun noch eine Antwort auf eine Frage zu dem Oberhaupt eures Systems, hier in diesem Land, eurer politischen Führung. Es wurde gefragt, ob sich dieses Wesen, diese Seele, aus dem Licht heraus von hohen geistigen Wesen führen lässt bei ihren Entscheidungen. Ich sage dir: Jeder Mensch, jeder Mensch trägt das Licht und die Liebe in sich. Auch diese Menschen, die euch führen, können sich nicht dagegen verwehren, dass die Liebe Einzug hält auf dem Planeten. Auch sie haben ein Herz. Auch an sie dringt das Mitgefühl und die Liebe heran. Manches Mal geben sie dem auch nach. Doch oft überwiegt dann auch wieder die Abwägung und der Verstand und das kollektive Bewusstsein. So gibt es manches Mal ein Aufflammen der Liebesenergien, und immer wenn das geschieht und ein Mensch sich öffnet, stehen die Engel parat mit Rat, mit Tat und mit noch mehr Liebe und Energie. Doch das ist nur möglich, wenn eine Seele die Bereitschaft in sich trägt und es erlaubt. Denn wie bereits erwähnt, ist das höchste planetare Gesetz das des Nichteingreifens und die Unantastbarkeit der freien Wahl jedes Einzelnen. So ziehen sich die hohen Lichter dann auch wieder etwas zurück, wenn sie sehen, dass sie nicht eingeladen sind. Doch betrachten sie immer das Geschehen und wenn du sie rufst, sind sie mit sofortiger Wirkung da und dürfen dir helfen und dich unterstützen. Das ist das, was wir Absicht nennen. Eine Absichtserklärung deinerseits.

Eine zentrale Frage in der nächsten Zeit in eurem Planetenbewusstsein Lady Shyenna wird sein, wie die Menschen zum Frieden kommen, wie sie zusammenfinden. Es gibt Wege, es gibt Ansätze und vor allem – das ist mir so wichtig, dass du das in deinem Herzen trägst: Es gibt immer eine Lösung, es ist alles möglich. Gerade zu dieser Zeit, wenn sich die großen übergeordneten Energien, von denen auch Frieden für alle Völker eine ist, manifestieren. Vertraue darauf. Die Menschen werden aufeinander zugehen. Gerade Religionen haben über lange Zeit die Menschheit gespalten. Doch ist es nicht das, was euch die Stifter dieser Religionen übermittelt haben. Es sind ganz menschliche Dinge, die diese Spaltung herbeigeführt haben. Und so werden es auch wieder Menschen sein, die diese Spaltung aufheben, zusammenkommen, die Gemeinsamkeiten entdecken, dass ihr eine Familie seid auf Erden. Für längere Zeit noch werden Religionen wohl bestehen bleiben. Doch sie werden in Eintracht miteinander sein, in gegenseitigem Respekt und Achtung und einander fürsprechen. Und irgendwann, und wenn du mich fragst, wann, sage ich dir schon wie zuvor: Am Ende dieses Zyklus, der jetzt begonnen hat, genannt die 3. Zeit, wird es auch keine Religionen mehr geben. Dann wird jeder Mensch tief in sich nachvollzogen haben, dass es nicht nur darum geht, andere Meinungen, andere Glaubensrichtungen zu achten und zu respektieren, sondern dass alles ***eins*** ist und alles dem Schöpfer entspringt und dass es euch gegeben wurde, um euch letztendlich die Möglichkeit zu geben, zusammenzufinden.

Mit diesen Worten möchte ich, Laotse, die Botschaften beenden: Frieden für alle Menschen, für alle Völker auf Solvana. Frieden für dich.

Laotse sagt euch – ihr werdet so sehr geliebt – vertraut auf euch, auf eure Seele, auf euer Herz, auf das Göttliche in jedem Menschen.

An'Anasha

Über den Autor

André Nama'Him lebt in Rosenheim in Bayern und leitet dort seit 2003, zusammen mit seiner Frau Isabelle Adamea, das spirituelle Schulungszentrum Celeson. Er wurde 1970 in Rosenheim geboren. Nama'Him ist sein Ursprungsname und bedeutet „Kosmischer Bote". Seine Seele entspringt der Frequenz El Shaddai und seine kosmischen Eltern sind Shakti und Melek Metatron. Sein Hohes Selbst ist Jesus Christus. In seinem Wirken als Medium wurde er auf der weltlichen Ebene von seiner Weggefährtin, dem Medium Sabine Sangitar ausgebildet. Die Schulung von jenseits des Schleiers hat er vor allem von Jesus Christus, Laotse, Melek Metatron und Kryon erhalten.

Kontakt:
Email: andre@celeson.com
Homepage www.celeson.com

Weitere Bücher von Nama'Him:
Bisher erschien im Ch. Falk Verlag: *An die Lichtpioniere*
und im Lentos Verlag: *Elise – Funke des Erwachens*

André Nama'Him

ISBN 978-3-89568-223-0

Neuerscheinungen

Ines Nandi
Das Heilwissen der Bäume und die Botschaft vom Wind
ISBN 978-3-89568-258-2

Christina Mantel / Gabriele Frosch
OHANA NUI
Botschaften der Meerjungfrauen
ISBN 978-3-89568-276-6

Aannathas / Erzengel Raphael / Ursula Frenzel
Himmlische Engel-Medizin
ISBN 978-3-89568-264-3

Jesus Sananda / Ines Nandi und die Bäume der Erde
Der physische Aufstieg des Menschen
ISBN 978-3-89568-266-7

Jesus Sananda / Ines Nandi
Die Christusenergie
Einweihungen und Praxis
ISBN 978-3-89568-267-4

Ines Hulftegger und Gerhard Thomas
Die Engel bitten zu Tisch
ISBN 978-3-89568-271-1

ch. falk verlag

Neuerscheinungen

White Bull / Ian Graham
Nichts ist verwunderlich an Wundern
White Bull – die Quintessenz
ISBN 978-3-89568-270-4

Katharina Eham
Sei Du – wer Du wirklich bist
ISBN 978-3-89568-273-5

Hans Deubert
Lebe die Fülle
ISBN 978-3-89568-269-8

Heike Engel
Sophia, die Urmutter spricht über die Zyklen des Lebens
ISBN 978-3-89568-278-0

Meister Saint Germain / Jürgen Hörletseder
Sechs weise Geschichten mit Herz
ISBN 978-3-89568-282-7

White Bull / Petronella Tiller
Die Heilung der gefallenen Engel Rückkehr ins Licht
ISBN 978-3-89568-265-0

ch. falk verlag